大数据及人工智能产教融合系列丛书

数据时代的品牌智造

左学荣 著

电子工业出版社

Publishing House of Electronics Industry

北京·BEIJING

内 容 简 介

本书共分 11 章，以成功打造品牌的 11 个实操步骤为行文逻辑，分别介绍了"圈脑"为上、奇货可居、善解人意、价值独占、演绎传奇、符号记易、创优体验、借势用巧、汇聚百工、文案攻心、心中有数等内容，为企业从无到有创建品牌，提供系统专业、卓有成效的实操方法论及实用战术工具。

本书适合企业家、创业者、市场经营管理者，以及与营销、传播相关的从业人员阅读参考。

未经许可，不得以任何方式复制或抄袭本书之部分或全部内容。
版权所有，侵权必究。

图书在版编目（CIP）数据

数据时代的品牌智造 / 左学荣著. —北京：电子工业出版社，2021.7
（大数据及人工智能产教融合系列丛书）
ISBN 978-7-121-41426-8

Ⅰ．①数… Ⅱ．①左… Ⅲ．①品牌－企业管理 Ⅳ．①F273.2

中国版本图书馆 CIP 数据核字（2021）第 125201 号

责任编辑：朱雨萌
印　　刷：三河市鑫金马印装有限公司
装　　订：三河市鑫金马印装有限公司
出版发行：电子工业出版社
　　　　　北京市海淀区万寿路 173 信箱　邮编：100036
开　　本：787×1 092　1/16　印张：14.5　字数：278 千字
版　　次：2021 年 7 月第 1 版
印　　次：2021 年 7 月第 1 次印刷
定　　价：75.00 元

凡所购买电子工业出版社图书有缺损问题，请向购买书店调换。若书店售缺，请与本社发行部联系，联系及邮购电话：（010）88254888，88258888。
质量投诉请发邮件至 zlts@phei.com.cn，盗版侵权举报请发邮件至 dbqq@phei.com.cn。
本书咨询联系方式：zhuyumeng@phei.com.cn。

《大数据及人工智能产教融合系列丛书》编委会

（按姓氏音序排列）

总顾问

郭华东　中国科学院院士

谭建荣　中国工程院院士

编委会主任

韩亦舜

编委会副主任

孙　雪　徐　亭　赵　强

编委会成员

薄智泉	卜　辉	陈晶磊	陈　军	陈新刚	杜晓梦
高文宇	郭　炜	黄代恒	黄枝铜	李春光	李雨航
刘川意	刘　猛	单　单	盛国军	田春华	王薇薇
文　杰	吴垌沅	吴　建	杨　扬	曾　光	张鸿翔
张文升	张粤磊	周明星			

丛书推荐序一

数字经济的思维观与人才观

大数据的出现，给我们带来了巨大的想象空间：对科学研究来说，大数据已成为继实验、理论和计算模式之后的数据密集型科学范式的典型代表，带来了科研方法论的变革，正在成为科学发现的新引擎；对产业来说，在当今互联网、云计算、人工智能、大数据、区块链这些蓬勃发展的科技中，主角是数据，数据作为新的生产资料，正在驱动整个产业进行数字化转型。正因如此，大数据已成为知识经济时代的战略高地，数据主权已经成了继边防、海防、空防之后，另一个大国博弈的空间。

实现这些想象空间，需要构建众多大数据领域的基础设施，小到科学大数据方面的国家重大基础设施，大到跨越国界的"数字丝路""数字地球"。今天，我们看到清华大学大数据基础设施研究中心已经把人才纳入基础设施的范围，组织编写了这套丛书，这个视角是有意义的。新兴的产业需要相应的人才培养体系与之相配合，人才培养体系的建立往往存在滞后性。因此，尽可能缩窄产业人才需求和培养过程间的"缓冲带"，将教育链、人才链、产业链、创新链衔接好，就是"产教融合"理念提出的出发点和落脚点。可以说，清华大学大数据基础设施研究中心为我国大数据、人工智能事业发展模式的实践迈出了较为坚实的一步，这个模式意味着数字经济宏观的可行路径。

作为我国首套大数据及人工智能方面的产教融合丛书，其以数据为基础，内容涵盖了数据认知与思维、数据行业应用、数据技术生态等各个层面及其细分方向，是数十个代表了行业前沿和实践的产业团队的知识沉淀。特别是在作者遴选时，这套丛书注重选择兼具产业界和学术界背景的行业专家，以便让丛书成为中国大数据知识的一次汇总，这对于中国数据思维的传播、数据人才的培养来说，是一个全新的范本。

我也期待未来有更多产业界的专家及团队加入本套丛书体系中，并和这套丛书共同更新迭代，共同传播数据思维与知识，夯实我国的数据人才基础设施。

郭华东
中国科学院院士

丛书推荐序二

产教融合打造创新人才培养的新模式

数字技术、数字产品和数字经济，是信息时代发展的前沿领域，不断迭代着数字时代的定义。数据是核心战略性资源，自然科学、工程技术和社科人文拥抱数据的力度，对于学科新的发展具有重要意义。同时，数字经济是数据的经济，既是各项高新技术发展的动力，又为传统产业转型提供了新的数据生产要素与数据生产力。

这套丛书从产教融合的角度出发，在整体架构上，涵盖了数据思维方式拓展、大数据技术认知、大数据技术高级应用、数据化应用场景、大数据行业应用、数据运维、数据创新体系七个方面，编写宗旨是搭建大数据的知识体系，传授大数据的专业技能，描述产业和教育相互促进过程中所面临的问题，并在一定程度上提供相应阶段的解决方案。丛书的内容规划、技术选型和教培转化由新型科研机构——清华大学大数据基础设施研究中心牵头，而场景设计、案例提供和生产实践由一线企业专家与团队贡献，两者紧密合作，提供了一个可借鉴的尝试。

大数据领域人才培养的一个重要方面，就是以产业实践为导向，以传播和教育为出口，最终服务于大数据产业与数字经济，为未来的行业人才树立技术观、行业观、产业观，进而助力产业发展。

这套丛书适用于大数据技能型人才的培养，适合作为高校、职业学校、社会培训机构从事大数据教学和研究的教材或参考书，对于从事大数据管理和应用的人员、企业信息化技术人员也有重要的参考价值。让我们一起努力，共同推进大数据技术的教学、普及和应用！

谭建荣
中国工程院院士
浙江大学教授

前 言

你若盛开，蝴蝶自来

每次我给企业家学员们讲品牌战略创新这个课题时，总喜欢用"怎样抓蝴蝶？"这个话题来开启课程，学员们都会兴致盎然地积极回应，给出的答案五花八门，并且很多都是实际的解决之道。但是，我之所以提出这个问题，重点不在于探讨抓蝴蝶的方法有多少，而是希望大家在发挥创意时能有更多新的视角。

人们往往习惯性地将"人抓蝴蝶"理解成一种单向行为，认为是人在追着蝴蝶跑，动作行为的方向是单一的，如果按照这种思路去寻找解决方案，固然也能想出很多有效的方法，但很难有颠覆性的大创意，因为这些都是基于一种普通而趋同性较高的视角产生的想法。如果换一个全新的视角提出设想——能否让蝴蝶倒过来追着人跑？结果会怎样呢？

如果把"人追蝴蝶"的视角转换成"蝴蝶追人"，解决问题的思路和方法就会完全不同。我们会想到从"吸引蝴蝶"这个角度发挥创意，什么东西最能吸引蝴蝶？鲜花。如果我们建造一片姹紫嫣红、芳香四溢的花园，那些爱花恋花的蝴蝶们，是不是就会成群结队蜂拥而来？

在课堂上导入这个话题是为了诠释一个重要的创意观：卓越的创意始于一种独特的视角。"蝴蝶追人"就是一个独特的视角，在这个视角的引导下就能想出与常规视角截然不同的创意。

"怎样抓蝴蝶"这件事引发不同的创意思路，其实与企业做营销非常相似，当前中国绝大多数企业都是在做"追着客户跑"的营销，所以做得很低效、很辛苦。高效而成功的营销应该是让客户像蝴蝶一样倒过来追着企业跑，因为"让客户追着企业跑"和企业追着客户跑的成效和收益有着天壤之别，那个能让客户追着企业跑的"花园"，就是品牌！

品牌是用来改变企业与客户关系状态的"魔力磁场"，伟大的品牌会让企业与客户之间形成一种主动而非被动的关系，会形成吸引顾客、黏住顾客并持续从顾客身上获利的强大磁场！

诺兰德学院始建于1892年，距今已有100多年的历史，该校的前身是贵族女佣培训学院，是世界知名度最高的家政大学。诺兰德学院在百余年来成功培养了近万名世界一流的保姆，一代又一代的毕业生走入富贵人家，成为家政行业最专业的象征，被誉为"超级

"保姆"的摇篮。当然，除了成为金牌保姆，诺兰德学院的毕业生还能胜任护理院管理和小学教师等工作。

诺兰德学院分两个年级，每学年有3个学期。学习内容系统且全面，除了要求学生掌握儿童护理的必备技能，营养学、美食烹饪、急救、教育、社会学、心理学、历史、文学、法律和财务管理等课程也必不可少。此外，想成为王室保姆还必须学会一些特殊技能，如"如何躲避狗仔""利用婴儿推车避过绑架""极端状况下的特技驾驶"等。同时，诺兰德学院还特别注重培养学生的职业操守和职业风范，校规校纪非常严格，建校至今一直以"爱永不消失"为校训，学生毕业后也将此校训作为服务用户的座右铭。

学生在完成两年学习任务后，需要选择一个英国家庭实习一年才能获得毕业资格。高、精、严、贵的学制和特殊的教学模式，以及优良的教学品质，让诺兰德学院的"诺兰德职业资格证书"备受认可和推崇，被视为全球最有含金量和公信力的专业标签。

因此，诺兰德学院也成为世界上收费较高、门槛较高的职业培训学校。每年学费高达12000英镑（约10.6万元人民币），目前只限量接收英国和欧盟地区的学生，而且这些学生在入学前还必须接受"品德基因"的一系列调查与测试，合格者方可被录取。

正因为诺兰德学院培养的学生工作能力过硬、德行优良，在英国，不管是贵族、明星还是普通家庭，都以能请到一位诺兰德学院的毕业生为荣。英国小王子的保姆必须是诺兰德学院的毕业生，诺兰德学院的毕业生成为最高贵、最受人尊重的家政从业群体。

诺兰德学院的毕业生人人都能成为高收入者，而且不需要为找工作犯愁，学院会终身负责为其推荐工作，而且都是高薪岗位，年收入在50万元人民币以上，英国王室的保姆年薪更是高达80万元人民币以上，就算是实习生在实习期间年收入也能达到15万元人民币。

诺兰德学院也是全球唯一收门票方能观摩的职业教育机构。诺兰德学院成功而独特的教育模式，使其成为全球职业培训机构学习和效仿的标杆。

独特、专业、权威、高贵、尊严和神秘是诺兰德学院留给世人的良好印象，它就像一座精美绝伦、世代流芳的传奇花园，一直被人景仰、膜拜并心向往之，它已经不是一所单纯的职业学院，而是全世界家政从业者们趋之若鹜的神圣殿堂，是全世界职业教育机构中最为闪光的金字招牌。

品牌对每个企业来讲，是与生俱来的使命和每日必修功课。每个创业者，从有了自己的产品的第一天起，客观上就开启了"品牌智造"之旅，就像生养孩子，与其说你在抚养和培养孩子，不如说你在做他的全生命周期的品牌营销工程。孩子呱呱坠地，我们要做的第一件事就是为他取一个吉祥讨喜的名字，而后便是竭尽全力精心哺育、无微不至地用心呵护、尽其所能给他提供最好的教育和成长的条件、千方百计助他成长成才，这一切不仅是父母的最大使命，而且是天下父母对自己孩子寄予的愿景。这些愿景都成为父母培养孩子的不竭动力。父母在孩子身上倾注的所有爱心和努力，基本上都是按照品牌建设的路径有序展开的，而一个茁壮成长、优秀出众的孩子符合一个成功品牌的所有标准——出色非凡、鹤立鸡群。

最近50年，世界商业大潮波诡云谲，很多曾经长期高居榜首的企业一夕之间跌落凡尘甚至灰飞烟灭，也有一些企业异军突起，在短时间内将自己推至全球商界的巅峰，如微软、苹果等，还有一些企业，无论全球商业潮起潮落，始终能波澜不惊稳立潮头，福布斯排行榜对这些基业长青、活力充盈的企业进行深入研究，发现它们的一个重要的共同点，"财富在欧洲保持长盛不衰的秘诀并不在于行业选择本身，许多财富产业的一个共同点是，它们都建立在品牌的基础之上，这些品牌历经多年已经化作一种全球购买心理。"

就像人们要吃巧克力，首先会想到费列罗；要享受"驾驶的乐趣"，会想到宝马汽车；需要用手包，会想到LV或爱马仕，这种让人一有需求就能被想到的现象就是我们说的"购买心理"，或者说"首选意识"。当一个品牌能够被消费者"有需求就想起"时，就意味着比同行拥有更多被消费的机会，有更强的竞争力和生命力，这就是很多企业之所以历经风雨依然能基业长青的根本原因，它们已经成功地在大众心中树起一座"优质、可靠、值得信赖"的丰碑！

恐惧源于未知，安全感来自已知。人的安全感建立在"知根知底"的基础上，"不要随便和陌生人说话"的训诫，就是基于对安全的考虑。2020年年初新冠肺炎疫情让大家过了连续几个月足不出户的"宅家"日子，这不仅改变了人们的生活状态，也重塑了消费者的消费心态，安全感和信任感成了未来相当长的一段时间人们消费、购物最重要的考量标准之一，企业的产品要想赢得消费者的青睐，品牌的熟识度和信任感显得至关重要，疫情就像大浪淘沙，为形形色色产品洗尽铅华，最后剩下的都是深得人心、深受信赖的好品牌。对于一个有生命力的企业而言，品牌公信力胜过一切。在关键时刻存活下去的企业，最终拼的一定是品牌力。

品牌除了能给企业带来足够的信任感和抗风险能力，还有一种更重要的功能就是能够为企业创造高额的溢价。

大家知道世界上最贵的课程是什么吗？把全世界最顶尖的学府、最知名的教授的课程翻个遍，最后你会发现，高居象牙塔尖的名校课程的标价远不如一个从无授课经验的人带来的一道智慧午餐。

这就是沃伦·巴菲特的午餐,据说与巴菲特共进午餐已被很多人视为人生最荣耀的幸事,巴菲特的午餐已被炒作拍卖到 400 多万美金一场,而从各种巴菲特的个人简介资料上都可看出,巴菲特只有一个公认的身份标签——全球著名投资商,他的职业生涯和人生经历与知识传播、教书育人没有半点关联,但为什么人们会将花大价钱请他吃饭聊天看作最有价值的智慧盛宴呢?从 2000 年到 2019 年,巴菲特的午餐的价格已经从最初的 3 万美元涨到 300 多万美元,如果一定要把与巴菲特的吃饭聊天看作一堂人生大课,我们且看看这顿用智慧料理的午餐究竟高在何处?

如果我们一定要把巴菲特的午餐当成一个课堂,这个课堂的授课方式无非吃饭、聊天而已;课程内容无外乎分享投资经验、浇灌心灵鸡汤等;课程时间一般不超过 2 小时;课程收费目前的最高纪录是 456 万美元/堂,而且这一记录还将不断被刷新。用最轻松、惬意、享受的方式,谈笑间便创造 456 万美元的收益,放眼当下谁能做到?

其实,我们用商业经济学的方式盘算和评估一下,就会发现巴菲特的这堂课,核心价值归纳起来无外乎 3 点:智慧分享、慈善活动和名人效应。

对于很多不缺钱的人来说,愿意花重金与巴菲特共进午餐,除了能从巴菲特那里获得珍贵的投资经验,还有对巴菲特的崇拜,因为与偶像面对面交流,是一种弥足珍贵的人生体验。

另外,巴菲特的午餐能拍出如此高价,除了巴菲特自身的影响力,还是一种高尚的慈善行为(巴菲特的午餐拍卖所募集的款项全部交由慈善组织,用以帮助无家可归的贫困人士),这本身就有一种溢价效应。很多竞拍者把这顿午餐当作投资而不是消费,某著名企业家在与巴菲特共进午餐时,向巴菲特介绍了自己的项目并得到巴菲特的充分肯定,结果公司股票应声大涨,相比之下,300 多万美元的午餐竞拍价不过九牛一毛。他说:"我得到的东西无法用金钱来衡量,并且对之后的投资都将会有重大影响。"由此可见,巴菲特的午餐的价值所在。

可以预见,将来巴菲特的午餐的价格还会越来越高,但是无论这种饭局是泡沫也好机遇也罢,真正能够支撑其高溢价的理由只有一个,那就是巴菲特已经成了一个稀有品牌,而且还是一个被高度"神化"的稀有品牌。

巴菲特的天价午餐的现象揭示了品牌的一个重要功能,那就是卓越强大的品牌可以无上限地提升产品附加值,这是品牌带给企业最大的红利之一。很多奢侈品的高仿品以假乱真到青出于蓝而胜于蓝的地步,但是只能卖到不到正品 1/10 的价格,因为山寨再好却不能见光,只要没有成为大众认可的品牌,就无法改变被低价贱卖的宿命。

品牌不仅可以创造高溢价，更能创造大市场。酱油属于典型的传统产业，为什么海天酱油在2019年可以做到营收197亿元？炒菜做饭用的调味品，在我们印象中属于小生活用品，为什么太太乐鸡精一年营收突破50亿元？瓜子是典型的传统零嘴产品，炒瓜子卖瓜子的历史由来已久，为什么是恰恰香瓜子能够脱颖而出，做到年营收近50亿元？腌制豆豉酱是过去南方家庭主妇们必备的生活小技能，为什么只有老干妈豆豉酱可以畅销国内外，年销售50多亿元？原因只有一个——成为品牌。企业只有打造并拥有真正的品牌，野百合才会有春天，小产品才会有大市场。

总而言之，在同质化、高度竞争的时代，品牌已成为企业最重要的战略资产，不仅能形成鲜明独特的产品识别、获得坚定广泛的顾客信任，在创造和引领消费方式上，有着普通产品无法企及的影响力和话语权。

从降本增效的角度讲，品牌也能给企业在与上下游商家的合作中带来诸多优势。宝洁公司的产品凭借其强势的品牌影响力在下游渠道商中占尽主导权，不仅能获得最好的货架位置及优惠的进场费用，还能优先享有各种附加资源，而在与上游供应商合作中也能主权在握、优势占尽，能够获得最好的资源、最优惠的供应价格、最优质的服务等，这一切都得益于宝洁公司拥有强大而卓越的品牌。

总之，拥有卓越品牌的好处不胜枚举，品牌不仅是企业开疆拓土的关键法宝和收揽人心的定海神针，更是企业永续经营、基业长青的坚强保证。真正有竞争力的品牌和产品，能够在用户心中实现预售。可以肯定地告诉大家，品牌是企业最硬的底牌，也是最后的王牌！

企业只有把品牌抓在手里，才能真正立于不败之地。王老吉和加多宝的商标之争，在广药集团打赢官司之后，收回王老吉商标使用权，但是没有工厂、没有工人、没有渠道，一切都得从零开始，5个人的核心团队，3个月内就找到了3000人，然后找工厂、建工厂，短短几年，王老吉已经取得了凉茶市场70%的占有率，远超竞争对手，成为不折不扣的行业领先者。宝洁公司现在只做品牌和研发，其他如人力资源等一律外包；云南白药将研发交给欧洲，只做品牌；阿迪达斯关掉了中国最后一个工厂，一门心思只做品牌；苹果作为一个卓越的品牌，不需要自己做工厂，加工企业争先恐后为其效劳。

不管你愿不愿意相信，品牌制胜的时代已经到来，只有主动迎上去，我们才能在大时代的浪潮中行稳致远。借用美国著名品牌专家艾尔·里斯的一句话："企业只有一个职能，就是创建坚实而有活力的品牌。"他从企业发展的根本命脉上揭示了公司的终极使命就是打造品牌，这为中国企业突出重围面对全球化竞争指明了方向。

目前的中国乃至全球都处在一个剧烈变革和转型的时代，在这样的现实中没有谁能够准确预见和推演未来，但越是难以预料，就越需要一种相对长远的视角和眼光，因为我们现在所能看到的趋势，可能关乎未来几十年的走向，用更前瞻的战略视野锚定未来，是一种以不变应万变的万全之策。

中国的企业家们到了重新审视品牌价值的时候了，无论从哪个方面，我们都有足够的理由相信没有品牌，企业就没有未来！

在以互联网和大数据为主要驱动力的新经济时代，企业的生存和发展越来越依赖品牌的力量，但信息乱码的日趋严重和品牌传播成本日趋高昂，使得强势品牌的建立变得越来越困难。为适应新经济格局和新媒体应用规律，切实有效地打造品牌并促进企业健康发展，本书将站在时代发展的前沿，以全新的视角重新定义品牌，着眼于成长型企业如何从无到有快速创建品牌，从品牌形成的基本规律、热销产品的开发创新、消费者洞察、品牌定位要领、产品价值描述技巧、品牌创意传播策划、实效传播文案写作技巧，以及数据营销思维养成等层面，提供别开生面的品牌营销传播实操方法论和系统战术工具，为读者深度释疑、透彻解惑、实战训练并领路助跑。

本书将以成功打造品牌的 11 个实操步骤为行文逻辑和章节脉络，环环相扣、循序渐进地为读者分享数字时代品牌打造的专业知识，现将各章内容要点概述如下。

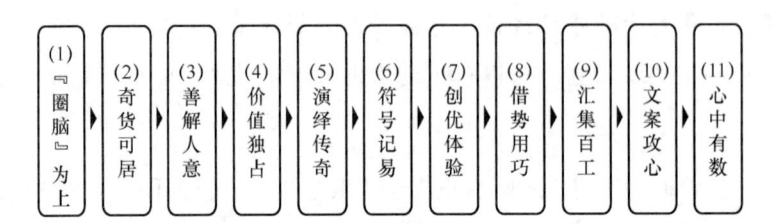

(1)"圈脑"为上 → (2)奇货可居 → (3)善解人意 → (4)价值独占 → (5)演绎传奇 → (6)符号记忆 → (7)创优体验 → (8)借势用巧 → (9)汇集百工 → (10)文案攻心 → (11)心中有数

第 1 章："圈脑"为上。中国的企业家没有一个不重视品牌，也有很多人在品牌创建上倾注大量的人财物力，可最终都不尽如人意，这让企业家们在品牌打造上出现一种既期待又怕受伤害的心态。企业之所以在品牌打造上劳而无功，归根结底是因为很多人一开始对品牌的认识和理解进入了误区，没有厘清产品、营销和品牌三者之间的关系，甚至将三者混为一谈，这种对品牌本质的错误理解导致了一连串错误行为的发生，就像衬衣上的纽扣，第一颗扣错了，后续就会一错到底。"圈脑"为上这一章，是要给品牌的本质、品牌营销等概念做一个正本清源的梳理，让大家从根本上建立正确的品牌观，能够正确地认识和理解品牌的本质、把握品牌发展的基本规律，以及明白从产品到品牌之间的逻辑转化过程，明白品牌是消费者对一个产品形成的总体印象；品牌活在消费者的头脑中；消费者的大脑是营销竞争的终极战场；品牌营销战略就是一种"圈脑"行动等重要理念。本章将从定义、规律和方法路径三个维度揭示品牌成功创建的根本动因，以及品牌转化为商业价值的核心规律等，"品牌之道，圈脑为要"，是我们要传递给读者的第一个重要观点。

第2章：奇货可居。成功而有感染力的品牌认知是建立在出类拔萃的优异产品的基础上的，产品有缺陷，任何营销都无法挽回失败的命运，甚至会加速其灭亡。孙子兵法云："先为不可胜，而待敌之可胜。"保证企业立于不败之地的首要条件就是必须拥有一个受人欢迎的好产品，所以任何时候"产品都是王道"。什么是好产品，好产品的五大标准，怎样成功开发和创新一个"吸金指数爆表"的优异产品，以及怎样规避产品创新中的误区，本章将会为你一一揭晓！

第3章：善解人意。企业的成功并非取决于生产者，而是取决于消费者！有了好的产品，如何让其快速赢得顾客青睐，并能牢固扎根在消费者心智中，如何善解人意、深刻了解和洞察消费者的需求就成了最为关键的功课之一。如何在产品营销传播中做到"知其需要，给其想要"，本章将从如何正确理解消费者需求、消费者读心术13大万能问题、洞察力训练的三大功课等重要议题上提供专业技巧和路径引导，以训练和提高读者从平常细节中"勘透人心、善解人意"的"特异功能"。留心处处皆学问。我们从未停止遇见，只是习惯了视而不见。世界上所有的美好其实都藏在善于发现的眼中，与其给自己一堆方法，不如给自己一双善于洞察人事的慧眼，因此本章的宗旨就是帮助读者提高眼力、知晓人性、创见商机！

第4章：价值独占。在高强度、同质化竞争时代，品牌要想优先胜出，首先要让产品在顾客心里抢占一个与众不同的位置，让人们对我们的产品另眼相看。这项至关重要的工作就是品牌定位，本章将围绕"品牌定位"这一课题，从"发掘定位的六大创意法门""有效定位六大评估准则"，以及如何运用独特而有魔力的品牌定位放大营销势能等方面与读者分享实战心法，让读者切实掌握发觉定位、运用定位，并能以定位"横行天下"的学问。

第5章：演绎传奇。无故事，不营销。人们不易理解事实，容易理解故事。人们主要靠各种故事和叙事架构来理解、回忆和规划自己的生活，一大串事实的影响力远比不上一个简单、动听的故事。一个好故事胜过一万个硬道理，好故事是企业最重要的商业资产，能让企业的营销传播事半功倍，所以想要打造一个吸引人的品牌，除了要有过硬的产品、精准的定位，还必须懂得为自己的品牌讲一个精彩的好故事。本章主要讲了品牌怎样进行故事营销的一系列重要方法，包括"品牌故事的四大价值""炮制好故事的六大技巧""取信于人的八大信任状""好故事的评估标准"，让读者明白如何通过善意的故事虚构，提升品牌的附加值、吸引力和信任感，通过熟稔的故事策略，让每个伟大的品牌战略都变成一个让人期待的故事。

第 6 章：符号记易。人是情感动物，更是视觉动物，用抽象的文字描述美好事物，远不如用一个形象直观的符号来得准确、简明而富有吸引力。好的视觉符号能带给人一眼万年的感觉，任何强大而有影响力的事物都是一种高度符号化的存在，品牌建设更是如此。本章的重点是从品牌符号传播战略角度，教读者如何打造易感、易传、易记的品牌符号传播系统，最大限度地提升品牌传播效能，核心内容包括"符号传播五大功能""品牌符号化六大策略""符号开发的四大创意法则"等，切实掌握并灵活运用这些传播要领，可以让消费者在"触目惊心"间加深对品牌的认知。

第 7 章：创优体验。口说不如身逢。产品是王道，体验是按钮。市场总是奖励那些站在消费者角度思考和解决问题的企业，这些企业关注和重视消费者的最显著标志就是善于创造美好的消费者体验。本章的要点就是教大家如何结合企业产品和资源特点为消费者创造美好的体验，其中包括"激发完美体验的三大办法""极致体验的创意设计要领""体验营销创新策略思维框架""如何打造终身价值顾客"等。总之，在这个时代，一个品牌要深得人心，就必须用更贴心、更易感、更完美的体验来强化与消费者互动，增加黏性和品牌美誉度。

第 8 章：借势用巧。趋势大于优势。在这个百业融合的时代，行业与行业之间已经没有绝对的边界，行业与行业之间的渗透关联也在不断加强，没有一个行业和企业可以"遗世而独立"，生态圈里的各种业态在商业运作及营销行为上彼此依存相互借势已成常态。企业怎样正确借助外力营销和助推品牌，本章将从创意行销的"用势五法""资源互助的关联法则"，以及借势整合并转化成行销创意的关键技巧，为读者揭晓品牌营销成功借势的重要规律，通过积极且有效的借力借势放大行销势能，促进品牌和企业的跨越式发展。

第 9 章：汇集百工。品牌永远是解决产品与人的关系问题的，一个品牌除了有优异的产品、独特的定位、精彩而有质感的故事包装、全新的消费体验和生活范式，还要有精准、高效的创意传播手段，让其快速广泛地抵达人心。汇集百工就是告诉大家如何汇集各种最简单有效而又富有巧思的传播方式推广品牌并撬动市场，其核心内容包括"传播策略5W1H法则""传播工具使用的原则和技巧"，以及"如何玩转互联网时代的创意媒体"等，助力读者得心应手使用传播工具，做好精准传播，真正做一个新时代的品牌"消费教主"。

第 10 章：文案攻心。文案是一种无可或缺且无比强大的实用工具，很多事情都离不开文案，经营企业更需要文案，企业所有的战略展示、品牌传播、营销沟通、媒体公关的信息都需要靠文案来完成，只要有商业行为的地方都会有文案的存在，文案越来越成为现代行销传播的热点和商业运营的核心重器。目前，会写文章、搞文学创作的人很多，但是能把企业文案尤其是营销传播文案写好的人却凤毛麟角，原因之一是很多人不知文案为何物，错把文案写作当成了文学创作。本章将从"如何正确理解文案""文案写作与文学创作的区别""实效文案的言事法则""顶尖文案的六大写作要领""吸睛标题的锤炼技巧""优秀文案能力的养成"等方面，从案例分享、规律总结、技法传授到思维训练，透彻解析、心手相传，让读者真正掌握"为事立言"的重要技能，真正地将语言和文字转化成无坚不摧的行销能量。

第11章：心中有数。 大数据时代开启了一场寻宝游戏，从数据之间的相关性中洞察潜在价值，正是主宰这场游戏的关键。每个数据集内都隐藏着某些未被挖掘的价值，这场发掘和利用数据价值的竞赛正在全球上演。企业如何通过对数据信息的挖掘、分析和判断，为发现商机、经营管理、产品创新、营销变法与品牌传播提供更大助力，本章将从"大数据的本质特征""大数据商业价值开发三大步骤""大数据精准营销四大要领""大数据资源活用重要法则"等方面为读者进行深入解析，让读者真正掌握、运用和发挥大数据作用的本领，在品牌营销上做到心中有数、手中有法，切切实实让大数据成为品牌建设的高能资源和行销指南。

上述所有关于品牌智造的原理、方法和内容，都是为了让企业家和营销负责人能用最简单明了、清晰通透的视角了解品牌创建的来龙去脉和基本规律，并能用有法可循的操作技巧成功践行"造就品牌并赢在未来"的战略愿景！

实战、实用和实训是本书的最大亮点。本书注重传授知识技能与培养能力相结合，强调知识内在逻辑与教学规律高度统一，将教材建设与学科前沿的发展融汇贯通，既注重内容的基础性和可教性，又具有很强的实用性和普适性，既便于学生课堂学习和进阶训练，也适合课堂之外的相关行业人士自学求法，有广泛的适用性和读者群。

专业、实效、完整和系统是本书的最大看点。每章的内容都由案例剖析、规律总结、实操技法要领归纳及内容要点温习等要素构成，每章之间都是基于品牌营销实操程序渐次推进、起承转折的，构成严密、切实、完整而系统的逻辑纲要，以便于读者在学习过程中轻松理解、深刻领悟和快速上手。总而言之，知识逻辑与学习规律有机融合、内容质量和阅读体验完美结合是本书最大的卖点，也是本书不同于所有同题材图书的最大看点。

笔者最大的心愿是，读者在捧读本书时，既能从中获得能量十足的智慧进补，又能从中勘破商业创新的思维密码,还能获得通体彻悟、如沐春风的"悦读"体验。诚如是,当不负近半年来呕心沥血、点灯熬夜的伏案作业,也不负编辑老师们的殷殷期许和大力支持,在此一并向这些支持和关心我著书工作的老师和朋友们表示由衷的感谢,也要向在我"码字"期间给予我精心照顾的太太陈菲同志真诚地说一声"谢谢"!

左学荣

2020 年 9 月 20 日于北京·荣言堂

目　录

第 1 章　"圈脑"为上 ··· 1

品牌是一种意识形态 ··· 2
齐白石只会画虾吗 ·· 4
认知重于事实 ··· 5
代表性认知是最大的竞争力 ·· 7
品牌战略就是一场"圈脑"行动 ·· 9
本章内容要点温习 ·· 11

第 2 章　奇货可居 ·· 12

中国草药，为何墙内开花墙外香 ····································· 13
优异产品五大准则 ·· 15
好产品是对人性的极致抚慰 ·· 17
打造产品，请从人性本能出发 ·· 20
谨防产品创新的四大迷失 ··· 22
本章内容要点温习 ·· 25

第 3 章　善解人意 ·· 26

比基尼适合在哪里卖 ··· 27
眼皮里的大商机 ··· 28
洞察，烛照欲望的读心术 ··· 30
洞察力训练三大功课 ··· 33
知晓人性，管理欲望 ··· 38
本章内容要点温习 ·· 40

第 4 章　价值独占 ·· 41

飞鹤乳业何以一飞冲天 ··· 43
有定位，才能行天下 ··· 45
不可不知的六创定位法 ··· 50

有效定位的六大原则 ······ 60
品牌定位必须恪守的四种精神 ······ 63
本章内容要点温习 ······ 63

第 5 章 演绎传奇 ······ 64

一碗蛋炒饭为何能卖到 5000 港元 ······ 65
时来运转靠故事 ······ 67
故事是最好的大脑体操 ······ 69
品牌故事的四大功能 ······ 72
如何让故事疯传起来 ······ 80
树立故事思维 ······ 84
做一个优秀的"品牌编剧" ······ 85
本章内容要点温习 ······ 86

第 6 章 符号记易 ······ 87

陕西等于陕北吗 ······ 88
符号是大脑的特别通行证 ······ 90
符号记易的五大功能 ······ 92
读图时代,品牌传播更需要符号 ······ 95
如何将品牌元素符号化 ······ 97
品牌符号智造的四大创意法则 ······ 103
人心深似海,传符即可定 ······ 106
本章内容要点温习 ······ 106

第 7 章 创优体验 ······ 107

让人爱不释手的《秘密花园》 ······ 108
约瑟夫的体验经济学 ······ 110
宜家为什么不怕电商 ······ 111
激发完美体验的三大要领 ······ 113
体验行销的四个阶段 ······ 119
食髓知味,欲罢不能 ······ 121
本章内容要点温习 ······ 121

第 8 章 借势用巧 ······ 122

善战者,求之于势,不责于人 ······ 123

史丹利如何借力权威 125
　　借力用势五大法门 126
　　相关是"神" 132
　　趁机用势12字法则 133
　　好风凭借力，送我上青云 135
　　本章内容要点温习 135

第9章　汇集百工 136

　　凡有井水饮处，皆能歌柳词 137
　　一瓶青春小酒的成功逆袭 138
　　品牌传播的5W1H法则 141
　　不仅要周知，更需要发动 146
　　传播工具妙用六大要领 148
　　创意是王道，合适为最好 154
　　本章内容要点温习 154

第10章　文案攻心 155

　　说说文案那点事儿 157
　　文案写作等于文学创作吗 159
　　文案策略五感法则 160
　　好文案的三个"一定" 164
　　实效文案的六大写作要领 169
　　功夫在诗外 178
　　本章内容要点温习 179

第11章　心中有数 180

　　数据的世界真奇妙 182
　　数据处处有商机 186
　　数据，让一切尽在掌握 188
　　无数据，不营销 190
　　大数据精准营销的四大价值 192
　　大数据价值创造的三大要领 198
　　心中有主见，不做数据控 203
　　本章内容要点温习 203

后记 204

01 第1章 "圈脑"为上

大脑是商业竞争的终极战场!

品牌是一种意识形态

长期以来，很多人错误地将营销工作与品牌混为一谈。一些企业家认为企业开发了一个新产品，为该产品取了一个好听的名字，注册了商标，设计了漂亮的包装，并将生产出来的产品铺向终端，甚至投入大量资金做广告宣传和促销活动，便理所当然地认为公司已经有了品牌。我在很多企业家研修班授课时经常碰到学员们带着这样的认识和我聊他们的"品牌"，尤其说到他们的"品牌"面临的诸多问题时，我都会审慎地询问他们下面这几个问题：你们有没有针对消费者做新产品印象调查？有没有问问消费者对你的新产品是否有印象？有什么印象？消费者对产品的印象与你预设的品牌形象是否吻合？消费者在已了解产品的情况下是否有购买意愿？……

大多数学员都会有出奇一致的反应，要么说没有做过调查，要么说做过一些简单的调查，发现消费者不知道或不了解新产品……这时，我只好善意地提醒他们，如果人们对你的产品不甚了解甚至毫无印象，说明你的品牌压根儿就没有建立起来，你之前围绕产品所做的一切努力，以及发生在企业内部的一切业务行为，都只是为了创建品牌而进行的营销工作，不能错把营销当作品牌，错把手段当作结果，因为品牌是营销努力的最终结果，它是消费者对产品的一种认识反应状态，是一种外部思维，那些仅存在于企业家意志中、存在于生产车间里、存在于终端货架上，甚至被消费者拿在手上的东西都只能叫产品，而只有被消费者记在脑中、想在心里、挂在嘴边的东西才叫品牌，如果一定要分清产品和品牌两者之间的关系与区别，那就是两句话：产品是品牌存在的物质基础，品牌是产品在用户心中的意识形态！

如果我们一定要给品牌一个确切的定义，品牌是指某个商品累积在大众头脑中的总体印象。这里"总体印象"这个关键词就是品牌的核心要义，传播心理学告诉我们，任何一个产品都可能具备很多不同的特点或优点，但是人们在对其形成清晰印象时往往遵循一个重要的心理学法则——"择一而从，从一而终"。也就是说，不管这个产品有多少特点或优点，人们只能选择性地记住其中的一点，并且一旦记住并形成第一印象就很难改变，这就是我们经常说的"总体印象"，所以"总体印象"就是择一而从的结果！

提起河南嵩山少林寺，人们一般会想到什么？佛教圣地、和尚、寺庙建筑、历史古迹、自然景观、千年传奇、武术文化……毫无疑问，上述内容都是少林寺所特有的人文资源和独特优势，但是让人们最终对其形成鲜明深刻且高度统一印象的元素只有一个，那就是"功夫"，因为人们不可能记住所有与少林寺相关的特点，最终只能将"功夫"作为少林寺特征的代表并定格成总体印象。

齐白石只会画虾吗

只要一说起齐白石,很多人的第一反应就是"画虾大师"。的确,齐白石画的虾可谓"画坛一绝",他也确实是因画虾而闻名于世,但这是否就能说明齐白石只会画虾而不擅其他呢?

大谬矣。事实上,齐白石所擅长的绘画题材非常广泛,尤其是草虫类作品,无论是作品质量还是艺术价值都非常高,甚至很多非虾类的作品在艺术品市场的价格远超其虾类作品。齐白石的一幅蝉画曾卖出 8 亿多元,远超过其很多虾类作品的售价,当然这固然跟蝉画的稀缺性有一定关系,但在行家的眼里,这幅蝉画才是真正能体现白石老人深不可测的艺术功底的扛鼎之作。蝉是很考验画工的题材,尤其是画翅膀,要表现出蝉翅膀的透明、立体、灵动和轻薄,就需要妙到毫巅的手上功夫,而齐白石画的蝉,用放大镜放大之后,会看到清晰透明的翅膀,真正体现了"薄如蝉翼"的质感,而且通过透明的蝉翼,还能看到蝉的腹背部,似乎还能感受到腹部和翅膀的振动,这种神乎其技的画工远非常人所能企及,实在令人叹为观止!

迄今为止,正如齐白石曾无奈地感叹道:"余年近八旬矣,世人都谓只能画虾,冤哉!"造成这种局面的原因有几点,一是齐白石所有传世的画作中,尤以虾类作品数量居多,而且都是精品,给人感觉他专门画虾;二是同时代以虾为题材作画的人相对较少,这样就很容易形成"白石画虾是独一份"的社会认知,所以大家自然而然将画虾作为齐白石的专属艺术标签,就像人们提起同为绘画大师的徐悲鸿,就认为他是画马的,提起黄胄就认为他是画驴的一样。实际上,无论是徐悲鸿还是黄胄,他们都是涉猎广泛的全能绘画大师,其卓绝的画工绝不仅限于马或驴类,世人却习惯性将他们聚焦归类于一个领域,这是人们认识事物"择一而从"的规律使然的,这也是齐白石、徐悲鸿等艺术大师最终被人为归类化、品牌化的结果。

认知重于事实

提起拉斯维加斯，人们头脑中首先会想到"赌城"二字，这就是拉斯维加斯给人们留下的总体印象或品牌化标签。然而，拉斯维加斯作为一个享有盛誉的国际大都市，支撑其发展的产业决不仅是赌博业，其中还包含了旅游、购物、休闲、度假、服务等多元化产业集群。每年来拉斯维加斯旅游观光的近 4000 万名旅客中，真正专程来赌博的只占少数，绝大多数都是来此休闲购物、享受美食和婚庆度假的。自 2015 年起，拉斯维加斯已成为全球最多新婚夫妇首选的蜜月旅行目的地，平均每天都有 1500 对新人在这里注册结婚，拉斯维加斯是唯一一座把执礼牧师逼出"祝福恐惧症"的城市。

其实，拉斯维加斯身为赌城有点"名不符实"。第一，拉斯维加斯不是单纯靠赌博业支撑城市发展的；第二，就博彩服务业的发展基础和地缘条件而言，拉斯维加斯并非全世界最优良的，如我国澳门在城市发展环境和地理条件等方面就比地处沙漠深处的拉斯维加斯优越很多，但在全世界的消费者心里认定的"世界赌城"却依然是拉斯维加斯而非中国澳门。基于这种认知，将拉斯维加斯作为全球赌博、购物和休闲度假首选地的观光客络绎不绝，强劲支撑和滋养着拉斯维加斯的繁华，虽然中国澳门近些年发展势头十分劲猛，甚至被人喻为"打了生长激素的拉斯维加斯"，但是从客源输出地（大多数来自东南亚地区与中国内地）和全球人民认知上讲，澳门依然只是一个区域（亚洲）级的"赌城"，其影响力相较"世界赌城"拉斯维加斯，依然相差甚远。

这就是我们常说的"认知重于事实"。尽管事实上中国澳门在很多方面比拉斯维加斯优良得多，但是在全球人民心里认定的"世界赌城"却是拉斯维加斯，认知驱动行为，当人们一旦用脚投票时，必定首选拉斯维加斯！

现实生活中这样的案例比比皆是。有些企业的产品质量和性价比事实上可能远远优于同行，却卖不过竞争对手，很多人对此百思不得其解。出现这种困惑的人其实陷入了一种"品质至上主义"的误区，头脑中总有一个错误的逻辑，本能地认为产品质量好就理所应当销量好，这是因为大家忽视了一个重要的前提，如果你的产品质量确实很好却不为人知，而对手的产品在某些方面可能真不如你的产品（当然也不会太差，至少能够较好地满足消费者需求），但却能让消费者了解并充分认同其产品质量和价值，那么最终在市场上能够胜出的一定是那个虽有不足却广为人知的品牌，而非完美无瑕却没有存在感的好产品。

传播学上有一个朴素的认知需要大家务必知晓："你究竟是谁并不重要，重要的是你一定要让人知道你是谁。"这句话放到营销竞争上可以解读为"产品究竟有多好并不是最重要的，重要的是一定要让别人认为你的产品有多好。"当然这样讲并不是要否定产品质量的重要性，而是强调越是好的产品越需要获得消费者的认知和认可，否则就如"锦衣夜行"，美则美矣却不为人知，这种难见天日的美好会有价值吗？

所以"认知重于事实"的根本内涵在于，企业首先必须下足功夫打造一个良好的产品，夯实这个事实基础，而后在"良好"的事实基础上建立"良好"而广泛的社会认知，让消费者都能知晓并认同产品的"良好"，有了这样的认知，产品"大卖"和"热卖"就是顺理成章的事情，这就是我们常说的"生意藏在民意里，机会藏在认知中"。

商业竞争的终极战场在大众头脑中，品牌营销的核心宗旨就是一个让产品成功完成"实至而名归"的过程。这里的"实至"就是打造一个名副其实的好产品，这是成功创建品牌的基础，"名归"就是让好产品名扬天下且深深扎根在大众头脑中，这样的产品才会有强大的吸引力和强劲的生命力。

认知不仅决定了盈利能力，还决定了企业的核心竞争力。苹果的 iPhone 手机在人们心中形成的认知是"智能手机的代表"，所以能够占智能手机 40%以上的市场份额；IBM 在鼎盛时期在用户心中代表主机，一度占据了主机行业 95%的利润；阿里巴巴在人们心中是"电子商务"的代表，囊括了全球电商零售行业 80%以上的利润……

代表性认知是最大的竞争力

成功的品牌营销就是让顾客对产品建立"代表性认知"。就像格兰仕在很多人心目中代表了微波炉,不仅让其拥有了整个微波炉市场近50%的份额,而其在微波炉行业的霸主地位也一直稳如磐石、坚不可摧。大疆是无人机的代表,在无人机领域,大疆已经占据了全球超85%的市场份额,如此惊人的市场份额,可以说大疆已经成了名副其实的"王者"。大疆集团之所以在无人机领域拥有如此庞大的市场和定位,主要还是因为大疆集团在全世界用户大脑中成功建立了"大疆=无人机"的认知等式。创可贴在人们眼中不过是一块对皮肤微创伤具有止血功能的小胶布而已,可是邦迪在人们心中却成了这个小型止血产品的代表,它在不含药创可贴领域占70%以上的市场份额。

"代表性认知"是品牌成功打造的终极目标,一个真正能在行业立于不败之地的品牌最重要的标志就是在人们心中能够成为这个行业或某种需求的代表。例如,在沃伦·巴菲特投资的最成功案例中,吉列剃须刀堪称经典,巴菲特之所以青睐吉列剃须刀:一是,剃须刀是一种永不衰退的刚需,成年男性都必须经常性剃须洁面,需求永远都会存在;二是,也是最关键的是,巴菲特发现在美国男性心目中吉列已然成了剃须刀的代表,在日常生活中很多人将吉列当作剃须刀的代名词,所以他坚信未来的剃须刀的天下一定属于吉列,随着市场的发展,吉列果不其然成为剃须刀行业当之无愧的霸主。

瓜子二手车直卖网不是二手车网络交易模式的首创者,它的商业模式是从其他公司那里复制并略加完善而成的,但是这样的事实对消费者来说没有任何现实意义,因为大多数人不会在意二手车网络交易模式是谁创造的,只关心谁对他们的交易更有利,结果第一个创造二手车交易模式的企业因为种种原因没能成为用户心中首选,倒是通过复制商业模式并能弯道超车的瓜子二手车直卖网成了第一个占据消费者心智的企业，"买卖二手车，就上瓜子网"几乎成了中国人耳熟能详的广告语，这样的认知使瓜子二手车直卖网的交易额快速攀升且遥遥领先，很快就占据了二手车线上交易80%的市场份额。

因此在商业领域，第一个开创某种商业模式或新产品的企业未必能赢，只有第一个占据消费者心智的企业才能笑到最后！瓜子二手车就是那个笑到最后的企业，因为它在消费者心中成功构建了一个认知等式："瓜子=二手车交易网"。

品牌战略就是一场"圈脑"行动

消费者认知是企业的终极战场,没有认知就没有位置,只有成功圈占消费者的大脑,让产品与消费者需求形成一种代表性认知,产品和企业才有生存、发展与不断做大的机会,从这个意义上讲,品牌营销实质上就是一场永远没有终局的"圈脑"行动。

所有的商业活动都离不开一个"圈"字。工业化时代讲"圈地",资本时代讲"圈钱",数字时代讲"圈人",信息时代讲"圈脑"。只有最大限度且步步为营地圈占消费者的大脑和认知空间,品牌才能真正发挥其"无往而不利"的影响力和"吸金"能力!

品牌营销就是不断圈占消费者的大脑,并建立代表性认知的过程。这个过程就是从无到有地将企业产品、服务等诸多客观事实通过卓有成效的传播沟通最终变成消费者主观认识的过程,"圈脑"行动发起和发展的思维逻辑就是将产品独特属性转化成用户独特价值,将产品的客观事实转化为用户的主观认知,如图 1-1 所示,左边产品特点所包含的要素都是客观事实,右边的消费者认知就是我们将产品的诸多特点经过优选、聚焦并最终转化成的总体印象,但是在将产品客观事实变成消费者主观认知的过程中,最关键的在于"转化"之功,这是产品变成品牌的这场神奇的"化学反应"中最大的挑战,这一挑战取决于两个重要的"催化剂",一是专业的营销方法,二是独到的创意"内功",二者相辅相成,缺一不可!

产品特点
(客观事实)

产品名称/功能/特征/价格/工艺/样式/质量/象征等

行销传播
(创意转化)

洞察/定位
通路/广告
促销/服务
互动/体验
网络等

消费者认知
(主观认知)

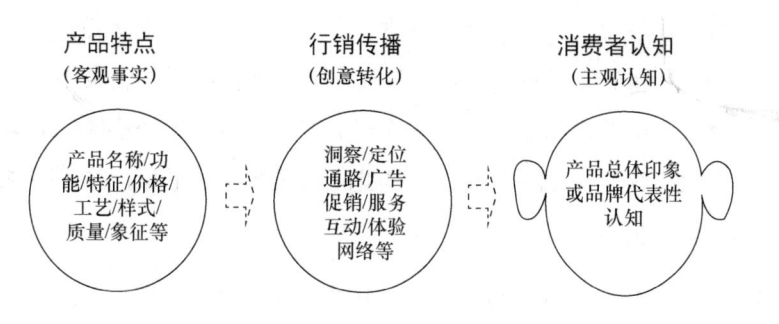

产品总体印象或品牌代表性认知

图 1-1 品牌生成逻辑导图

加拿大鹅羽绒服一直被公认为全球最保暖的羽绒服。据说一件加拿大鹅羽绒服加一件单衣打底，足以抵抗零下二十摄氏度的严寒，是众多明星大腕们冬天御寒的标配，其优质、高级和无与伦比的御寒功能使其享有"羽绒服里的劳斯莱斯"的美称。

当红不让的加拿大鹅羽绒服已经妥妥地成为全球消费者倾心追捧的轻奢新贵，它究竟有什么魔力能火遍全球，归结起来有如下几点。

一是定位清晰。加拿大鹅羽绒服自始至终都心无旁骛地深耕羽绒服市场，清晰的定位和无可挑剔的品质让其赢得全球女性消费者的一致认可和喜爱。

二是精工巧制。加拿大鹅羽绒服严格选用珍稀白鹅绒和灰狼绒混合填充，制作工艺能代表北美最高水平。

三是拒绝外包。在生产外包在服装行业大行其道的时代，加拿大鹅坚决拒绝生产外包，坚持每件衣物从面辅料到成衣制作都是加拿大原产地手工精制的，最大限度地保证每一件正品羽绒服无论销往何处，品质都精良如一。

四是尊贵稀有。加拿大鹅坚决奉行奢侈品销售法则，很少降价或打折出售，并保持每年10%左右的价格涨幅，以保持长久的高级感与溢价感。

五是善于借势。除了在生产方面不断提升产品的"颜值"和品质，加拿大鹅在营销传播方面也高招不断，将名人示范效应发挥到极致，曾经为南极科考队定制御寒服，为加拿大国家安全警卫队、护林员和环境勘察员定制工作服。加拿大鹅不仅通过专业领域凸显服装的防寒保暖功能，同时积极进军好莱坞，频繁在全球上映的各种电影大片和纪录片中"刷脸"，这让加拿大鹅"御寒神器"的称号享誉全球，逐渐成为全球着装时尚，其亚洲第一家旗舰店（东京店）开业当天每90秒就能卖出一件羽绒服。

卓越品牌的成功打造是以建立代表性认知为目的的系统工程，从消费者需求出发，基于独特、优质的产品和服务，从顾客价值的洞察与发现，到价值的塑造与包装，再到价值的传播与放大，最后实现品牌价值的全面变现。整个操作过程务必系统严谨、缜密有序，既要有专业的方法，更要有创意的加持，就像加拿大鹅那样，以高度聚焦、坚定不移的战略定位，超过消费者期望的产品品质和深孚人望的尊贵形象，大巧不拘的创意传播，成功地在全球消费者头脑中建立了优质、高档、尊贵的羽绒服专业形象，并最终成为全球羽绒服行业不可超越的价值典范。

《三国志》有云："用兵之道，心战为上，兵战为下。"流传千古的军事圭臬同样适用于当下的商业竞争。"品牌之道，圈脑为要。"成功"圈脑"才是品牌胜出的根本大法！

本章内容要点温习

1. 什么是品牌?
2. 如何理解"代表性认知是最大的竞争力"?

02 第 2 章　奇货可居

手里没把米，连鸡都哄不来！

中国草药，为何墙内开花墙外香

日本是一个善于学习和弯道超车的国家，早先学中国，近代学西欧，不仅学得好而且在一些领域还能青出于蓝而胜于蓝。日本自从得到我国中医药的衣钵真传之后，不仅能很好地学以致用，而且能推陈出新、发扬光大，将中医药（日本人称为"汉方药"）产业做成誉满全球的支柱性产业，占据了目前全世界80%以上的中药市场销售份额；日本国内上规模的中药生产厂家达200家左右，汉方制剂达2000多种；在日本6万家药妆店里，经营汉方制剂的占80%以上；日本生产的中医药深受境外游客追捧，每年旅日游客购买汉方药的金额可达其全国销售总额的25%。

汉方药之所以受到日本民众的欢迎，一方面是因为日本在进入现代社会之后各种"现代慢性病"、过敏性疾病，以及老龄化导致老年病越来越多，西医对某些疑难杂症束手无策，很多日本人相信汉方药不仅能达到较好的治疗效果，还能促进健康长寿，至少75%的日本人常吃中药，其中很多都是"汉方迷"，他们非常钟情于中医药的养生保健功效。

另一方面是因为医疗机构的推波助澜。在日本有近90%的医生都能开中医处方，可以看出日本医生对中药的认可程度。最近几十年来，日本人逐渐形成习惯，一般急病用西药，慢性病用中药。他们认为，"汉方药可以改善体质"且防病于未然，主要用于防治高血压、高血脂等病，以及术后的辅助治疗、妇科治疗等。

汉方药产业的迅猛发展还与日本企业注重创新有重要的关系。日本制药企业科技人员占全国科技人员总数的60%，研发费用占整个国家投入的80%。日本不仅在中药提炼技术上不断创新，位居世界前列，还在优化服用方式尤其是剂型创新上下足了功夫。日本是首创中药颗粒和冲剂的国家，为了让服用汉方药更加方便，也更加适合现代社会快节奏的生活方式，日本的汉方药大多采取颗粒剂、片剂、胶囊剂、口服液等剂型，摆脱了水煎火熬的传统中药服用方法。汉方药颗粒美观、包装精致、口感较好，服用剂量少。有些汉方药甚至还能直接口服，不需要水送服，一改中药粗糙、苦涩的观感。

日本汉方药还有一个重要特点就是敏捷开发。日本药企始终贴近市场，快速反应，瞅准中国的"雾霾商机"，研制出"清肺汤 DUSMOCK"，大力向中国游客推销。

日本中医药售卖渠道开放且便捷，药妆同场。一些中国游客去日本，最爱去的地方就是这种药妆店，不少人去日本旅行购物，都喜欢在药妆店买护肤品，顺带买几包"汉方药"，日本的汉方药馆和水果店、便利店一样普遍，看中医比在中国还要方便。

品质优良是汉方药广受欢迎的最重要的原因之一，为确保品质，日本汉方药企从原料生药开始，一直到最终形成制剂都实行严格的品质管理。汉方药的基础研究比较细致，每批产品质量都实行标准化，配套产业也很先进，制剂生产机械化、联动化、自动化及先进的工艺技术和科学管理体系，使日本汉方制剂生产达到世界一流水平。

据日本汉方生药制剂协会披露，在世界中药市场，日本所占份额高达 80% 以上，这一份额未来还有可能继续增高，然而这一切，归根结底都是因为一个颠扑不破的规律——品质为王！

优异产品五大准则

打造优异产品，保证企业奇货可居是品牌创建的最重要的前提之一，没有真正优良的产品，创建品牌无异于痴人说梦。一个好产品必须保证以下几点。

（1）产品对消费者现实需求具有重要价值，在人们的生活中扮演着一定的角色。

（2）产品必须有比较性优势或差异化特点，如功能、利益、属性、技术、形状、工艺等。

（3）产品必须有与时俱进、符合潮流的创新要素，让人耳目一新。

（4）产品必须品真质优、效用显著、令人信赖，这一点是产品开发的底线原则。

（5）产品必须使用简单、方便、愉悦人性，能给人带来最佳的消费体验。

小熊电器成立于 2006 年，自成立之初，小熊电器就专注于小家电的生产、设计和研发。创业初期，小熊电器生产销售小巧精致、方便运输、价格亲民的酸奶机。随着酸奶机的火爆，小熊电器明确定位公司的发展方向是"创意小家电"，密切关注每位消费者的需求和使用体验，抓住了个性化、多元化的消费升级时代的风口，以消费者细分需求为导向开发新产品，经过多年的精心耕耘，现已成为中国创意小家电的领跑者。

严格来讲，小家电并非生活刚需，只是一定程度上优化生活的方式，让人们的生活变得轻松快乐，小熊电器秉持"比用户更懂用户"的理念，体察用户体验，是为改善生活质量而诞生的小家电，一经推出就获得了消费者的广泛青睐，成为年轻一族消费升级的标志性产品，归结起来有以下几大原因。

（1）前瞻消费大势、聚焦单身人群。中国的单身成年人口规模呈逐年上升态势，庞大的单身人群催生了"一人份"的经济风口，体积小、性价比高的小家电成为消费新宠。数据显示，2018 年小家电市场规模达 1424 亿元，同比增长超 10%，其中，生活小家电占比达45%以上，厨房小家电占比超40%。小熊电器正是因为洞察并抓住这样的市场趋势，抢先开发小家电产品，才能赢得大好局面。

（2）精准消费洞察，挖掘深度需求。虽然酸奶机并非小熊电器首创，但该产品之所以能够被小熊电器引爆，还在于团队对酸奶机的功能、体验和成本的优化。除了使用更加方便简单，还将原本近500元的市场售价降到了"100元以下"的亲民价格，真正做到物美价廉。这一切都归功于小熊电器开发团队善于从单身人群生活视角挖掘消费需求和优化生活方式，从而形成精准的开发策略。

过去，市场上很多煮蛋器卖家多是在海外市场经营的。国外消费者将鸡蛋作为一种餐食配料，煮蛋器的功能就是蒸熟鸡蛋，而很多中国消费者更多是在早餐上吃煮鸡蛋。早餐除鸡蛋外，中国消费者还会吃馒头、速冻饺子、包子等，所以可把原来一层煮蛋器加成两层，第二层可以煮一些其他的食物，再加上预约等功能，就把简单的煮蛋器变成中式早餐机。通过需求的进一步挖掘和放大，小熊电器开创了一个全新的早餐电器市场，每年销售量达数百万台。如果像国外消费者一样只当成煮蛋工具，它就是小众产品，但如果做成早餐机，它就变成一个高频次需求产品，因为人们不一定非要吃煮鸡蛋，但人们不能不吃早餐。

小熊电器之所以广受消费者青睐，除了简单方便、价格实惠、颜值也非常高。无论是做事半功倍的烘焙机，还是煎烤同步、热奶迅速的多士炉，无不小巧精致、形状讨喜，深受消费者喜爱。总之，小熊电器的产品卖点归纳起来就是简单便捷、精巧漂亮、创意十足、价格亲民，受到消费者追捧自然是情理之中的事情了。

（3）精准高效的新零售渠道运用也是小熊电器成功的原因之一。小熊电器的产品开发逻辑有着与生俱来的电商基因——小巧坚实、便于运输，适合大物流背景下的产品流通方式，小熊电器抓住电商发展的风口，选择淘宝电商这个"新渠道"，抢先构建线上销售网络，通过互联网在目标用户群中形成了良好的产品口碑和磅礴的品牌声量。这为小熊电器能够一马当先、领跑行业奠定了至关重要的先发优势。

2019年8月，小熊电器作为"创意小家电第一股"在深交所中小板成功挂牌上市，总市值高达近90亿元，拥有300多项专利、30多个品类、300余种单品，每年有几千万台产品送到消费者手中，每天有近10万台产品产出，年销售收入超20亿元。

归根结底，一切产品的成功创新都源于对用户潜在需求的精准洞察，一切产品的成功营销都是对消费方式的成功再造与广泛弘扬，这一切都基于我们对人性适度的把握与拿捏。

好产品是对人性的极致抚慰

市场来自需求，而真正的需求藏在人性深处。要想准确触摸和把握消费者的真实需求，不能不懂人性，因为世界日新月异，普罗大众的需求之所以能被充分激发和调动起来，无不是因为我们的商业行为击中了最敏感的人性，能够启动消费需求的有六大人性密码：贪、懒、散、色、奇、趣，产品开发如果能够充分抓住这六大人性密码，一定能够唤醒沉睡在消费者心灵深处的潜在需求，现将六大人性密码分解如下。

第一个是"贪"，指的是贪念、欲望、梦想及消弭痛苦的愿望等，包含了马斯洛需求理论的要素，欲壑难填是人的本性，人们不断疯长且永无止境的贪心引发了生生不息的消费需求，所以只要能够不断满足和激发人"贪"念的产品都有可能会演化成刚需。

第二个是"懒"，指的是简单和方便，趋简避繁是人的一种生物性本能，人们都喜欢简单而厌恶复杂，都希望用最轻松舒服的姿态解决最复杂的问题，"衣来伸手，饭来张口"是懒人形象的经典写照，所以只要把产品的使用方式简化到极致，就一定会深受用户欢迎。有句话请大家记住，"最好的产品就是要能把消费者自然养懒！"

第三个是"散"，指自由和不受约束。爱自由是人的天性，没有人喜欢受约束，这一点反应在消费行为上就是充分为消费者松绑，让其消费行为不受时间、空间和特定条件限制。例如，方便面在消费者心里是可预期的不健康和不好吃，但它依然能够快速发展为一个规模庞大的行业，关键就在于改变和简化了人们吃面条的方式，传统的吃面方式不仅程序烦琐，而且限制条件太多，要和面、擀面、切面和煮面，折腾半天才能吃到一碗面，还要刷锅洗碗收拾残局，最主要的是这一切行为都离不开厨房和餐厅，空间、时间都受限制。而有了方便面，消费者可以不受时间和空间的限制，随时随地想吃就吃，简单方便、自由自在，将时间成本和人力成本降到很低，正是这种极大的自由与方便，使得各种方便食品大行其道。由此可见，将产品的消费方式自由化是得到消费者追捧的重要心理动因之一。

第四个是"色"，指美感和漂亮，用现在的流行语言来讲就是"颜值"。人与动物最大的差别之一就是人具有审美意识，爱美之心人皆有之，一个产品在功能、质量和价格都与同类产品相差无几的情况下，如果产品形态和外观（也就是"颜值"）优于同类产品，一定会成为最大的竞争优势。事实上，在消费升级的时代，越来越多的行业都开始靠"颜值"赢得市场，服装、化妆品、房地产、汽车、旅游及生活用品等，在功能和品质越来越同质化的情况下，颜值成了竞争胜出的重要因素，所以能够充分满足消费者"爱美"天性的产品将会有更多胜算！

第五个是"奇"，指新奇和创意。有很多人好奇心强，喜欢追新猎奇，厌恶陈旧腐朽，简而言之就是喜新厌旧，因此一个创意十足、能够充分满足人类好奇心的产品一定能够对消费者产生强大的诱惑，这就是为什么我们在高度同质化的时代一定要靠创意打天下的根本原因。

第六个是"趣"，指快乐、有趣和好玩。让自己快乐是人类的终极追求，每个人在灵魂深处都住着一个充满童趣的自己，总是对快乐和有趣的事情趋之若鹜、乐此不疲。古往今来，娱乐业或那些能给人带来快乐的行业总是方兴未艾、经久不衰，那些好玩又有趣的产品总是容易让人着迷、欲罢不能，因此在产品中注入娱乐元素、让产品变得好玩且充满魅力，一定会成为品牌优先胜出的法宝之一。

下面讲一个具体的例子。

燕窝营养价值高，但想要吃到燕窝则需要经过挑毛、浸泡、炖煮等诸多烦琐的步骤，如果在炖煮的过程中有一个步骤没有做到位，很有可能暴殄天物。所以工序烦琐、食用不便成了顾客消费最大的痛点。

想要吃燕窝又不会做怎么办？怎样让吃燕窝既不费脑又不费时？燕之屋颠覆传统燕窝食用方式，独创开碗就能吃的燕窝，以一碗独立包装的即食燕窝，充分满足广大消费者便捷"食尚"的需求。

在 2000 年以前，燕窝在中国一直属于药店才有的高端药材。真正将燕窝从药用滋补品转变为大众日常保养消费品，燕之屋首开先河，尤其燕之屋碗燕产品的成功创新，不但给燕窝行业增加了一个超级爆品，更重要的是创造了一种全新单碗蒸煮的产品形态，将粗糙原生的干燕窝变成了简单方便、精美时尚、开碗即食的碗燕，这一独特形态不仅优化了消费者享用燕窝的方式——简单、方便、自由、时尚，更重要的是彻底颠覆了传统燕窝行业的经营模式，将燕窝从传统的药用滋补品优化为日用营养品，使燕窝的消费场景得以拓宽，这种自由即食的消费方式也有助于增加消费频次、扩大消费人群，最终使燕窝消费市场能级成倍放大，燕之屋碗燕产品的成功创新也迅速转化为丰厚的市场回报，单品年销量从过去普通干燕难过千万元增长到十多亿元以上。

燕之屋碗燕的成功,从本质上讲就是"贪、懒、散、色、奇、趣"的充分体现,更好地满足消费者燕窝保健的需求(贪),方便、简单、即食(懒),随时随地想吃就吃(散),碗燕形态时尚精美、体面高端(色),开碗即食、新潮的消费方式(奇),轻松享用高端补品带来体验快感全面升级(趣)。因此,一个真正的好产品一定是能全面抚慰人性的贴心神器!

打造产品，请从人性本能出发

在行为经济学理论里，人类既是情绪动物，又是理性动物，会在选择时权衡成本与收益，从而挑选对自己最为有利、最为简单的解决方案。

图 2-1 是常用的墙面开关。左边的这款按钮式开关看上去没什么问题，但是对手部残障人士来说就非常不便，按键太小需用很大力气，不仅难操作而且容易误触。

后来，有人专为残障人士设计了右边的这种开关，功能跟之前的相比没有任何区别，只是把按键放得很大，开关起来轻松又方便。

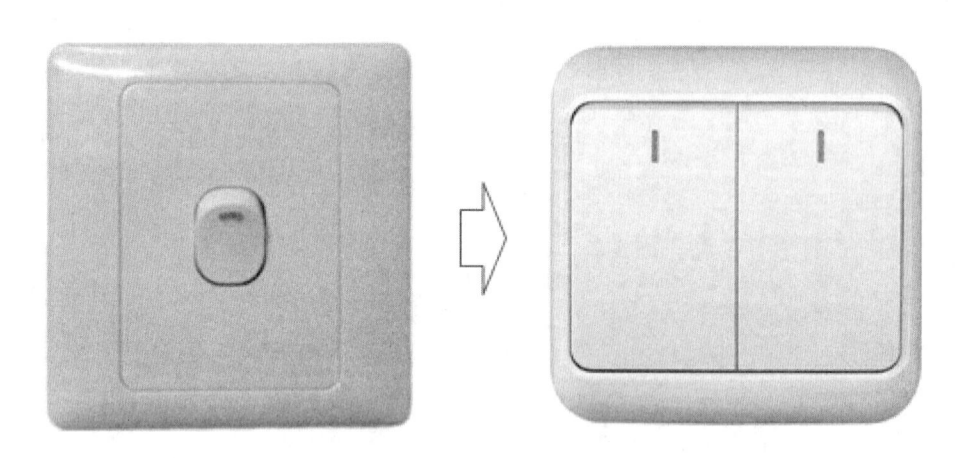

图 2-1 常用的墙面开关

一个专为残障人士设计的产品把原来给正常人用的产品优化了，这就是普适性，残障人士都能用，普通人会觉得更好用，这体现了产品设计的底线思维——极简、普适、迎合本能。

例如，在开会时，突然有一个电话打进来，只要本能地把手机往桌上一扣就能静音；苹果的 Airpods 颠覆了蓝牙耳机，就真正抓住了人的自然行为，当来电话时，只要拿出一只耳机放在耳朵上，电话就会自然接通；当听音乐时，忽然有事情了，只需要摘掉一只耳机，音乐就会停止；当事情做完了，把这只耳机再戴回耳朵上，音乐会继续开始……这就是从人性本能出发所做的设计。

因此，好的产品一定要最大限度地迎合人的本能，让用户一看就懂、一用就会、一玩就乐，真真正正地做到简单、开心且不费脑！

2015 年春节，App 摇一摇抢红包之所以流行，达到数亿级别的用户使用量，其中很重要的原因是因为它的"认知成本"低，用肢体的摇动，最符合人类的本能动作，登峰造极地迎合了人类摇工具的本能。

乔布斯有句话我非常喜欢："好产品不能被营销打败。"那种不能被营销打败的力量，正是源于产品能够直通人性本能。

谨防产品创新的四大迷失

了解优异产品的成功准则后,似乎感觉打造产品非常容易,创业理想触手可及,有这样的想法是非常危险的,任何丰满的理想背后都会有不忍直视的残酷现实。最近十年间全球企业的新产品开发成功率普遍偏低,科技型企业平均每 7 个新产品创意只有 1 个有可能成功,传统型企业每 10 个新产品中只有 1 个有可能成功,互联网行业新产品的成功率更低,不到 1%。我们现在看到一些貌似成功的企业在凯歌高奏、一路狂奔,殊不知在繁花似锦的背后还有更多企业正在成为冲锋路上的"炮灰"。

深究这些产品创新成功率低下的原因,千奇百怪不一而足,除最常见的没有特色、缺乏系统规划、缺乏用户洞察、闭门造车、盲目跟风、无底线仿冒甚至市场不成熟等问题外,归根结底是因为很多企业在新产品开发过程中陷入迷失而不能自拔。

1. 万能化迷失

任何一个好的产品都需要有一箭穿心的力量,这里的"一箭"就是指一个单一清晰的功能点,因为功能点越单一聚焦,穿透人心的力量就会越强劲,如果贪多求全地赋予产品很多功能,就会导致"欲多而力散,事全而不济"的局面。如一家餐厅声称自己早餐卖最好的油条豆浆,中餐卖最实惠可口的快餐,晚餐卖最高档的西餐,请问你会成为这里的忠实顾客吗?一款洗面奶产品,声称既能洁面,还能嫩肤,你会买吗?这种试图面面俱到的产品只会让顾客平添疑窦、敬而远之,因为很少有人会对一个万金油似的产品产生信赖和好感,万能在人们心目中约等于什么都不能,我们前面讲过人类习惯性相信专精专用的东西功能强大,如果产品卖点很多、功能很全,试图满足多种需求,最终带给顾客的一定是"价值生疑"。

在多元化的社会里,不存在万能的产品和万金油式的企业,只有"精""特""美"才是胜出的关键,所以不要试图让产品无所不能,这样只能导致令人沮丧的结果,因此,请务必相信老子说的智慧真言："少则得，多则惑！"

2. 专业化迷失

很多产品规划师在做产品开发时有一个通病，就是不能跟用户站在一个频道上，自以为是地想当然，同时还夹杂着炫技的私心，总喜欢在一个产品中添加很多功能以显示自己的技术水平。例如，要打印一份文件，经常有人点了"打印"就走了，回来一看打印机没打印，原来又出现一个对话框："你确定要打印吗？确定或取消。"这就是典型的工程师思维。因为工程师在程序执行的过程中，需要不停地确认"是"或"否"，这种思维一旦形成后，简单的事情就变得复杂起来。

人都是由繁入简易，由简入繁难。就像开车，长期开手动挡的人开自动挡容易，但长期开自动挡的人再开手动挡就很不习惯且容易出错。有的时候我们所谓的产品迭代，无非就是锚定一个方向，不断做减法以求将用户体验极简化，而很多"新奇特"产品之所以失败，很大程度上归因于产品设计师的"加法思维"，喜欢堆砌不必要的功能几乎成了很多产品设计师的"绝症"，这种"绝症"不仅会导致产品成本无节制地增加，更会无端给用户增加困扰和麻烦，最终导致用户对新产品"离心离德"。

好的产品应该完全剔除产品工程师和产品经理的个人喜好，确保用户凭直觉和经验即可顺利使用，需要详尽繁复的说明书指引方能正确使用的产品，最终一定逃脱不了被消费者抛弃的命运。乔布斯告诉我们："不用看说明书就会使用的产品就是好产品。"克服"专业表现欲"和加法思维是当前产品工程师和产品经理急需根治的通病，"少比多好"是他们最应坚守的座右铭。

3. 盲动化迷失

现在存在的比较大的问题是，很多时候企业开发新产品往往都是"为创新而创新"，这样的盲动会出现几种情况：①不断添加功能，认为产品功能比别人多就是创新、就是好；②跟样学样，看到别人有个新产品，马上不加分析地拿来就用；③盲目标新立异，没有任何明确的目的，只是要做出一个与众不同的东西来，鼓捣半天做出的却是一个对用户毫无价值的产品。

就像工业设计学院课堂上经常出现的一幕，老师说今天给大家的作业是"设计一个陶瓷杯子"。结果绝大多数同学画出来的杯子都是千篇一律的一个杯体、一个口，还有一个把，然后在杯体上要么印上一朵花，要么印上一只猴……产品结构、形式和功能没有任何差异。

如果老师再说，请大家设计一个更好用的喝水杯，这时你会发现大家交上来的答案就大不一样了。有人用化学的方法，有人设计的水杯甚至根本就没有特定的形态。因为大家都朝着"更好用的喝水杯解决方案"去努力，所以就会得到有价值的结果。

因此，在产品开发之前，设定正确、具体的开发目标且形成清晰、有迹可循的开发思路至关重要，万法皆由目标始，有正确的目标才会有积极的结果，没有行为目标和作业方向，任何努力都是徒劳的，甚至会适得其反。目前，很多企业在产品开发上出现盲动化迷失，很多都是因为缺乏战略思维和商业主见。所以，在目标未定之前，"不盲动、不妄作"是我们在产品开发过程中最应恪守的信条之一。

4. 优质化迷失

"好"与"优质"是产品开发中最大的概念陷阱。什么是优质的产品？不同的企业面对不同的市场需求和竞争状况，会给出完全不同的评估标准，这就意味着我们最乐于声称的"好"与"优质"其实是一个很模糊、主观且不确定的定义，我们拿着一个"模糊、主观且不确定"的标尺去引导和衡量自己的行为，会有预期的结果吗？

企业在开发产品时万不可拿"好"来说事，董事长认为好的东西，市场部经理和广大消费者未必认为好，只有"为谁好"的那个人对产品的好坏才最有发言权，产品卖给消费者，所以对"好不好"最有发言权的应该是消费者，而不是董事长。

只有把"好"与"优质"的裁决权交给消费者，企业才能真正开发出靠谱且优质的产品。苹果公司在开发产品时，从来都没有一个"好"的标准，因为他们深知不同产品的"好"都藏在消费者心底，让威尼斯酒店的 DJ 心仪的那个好计算机，不是美观、炫酷、功能强大，而是不会死机！

因此，在苹果公司的产品价值观里，任何"好"产品的背后一定有一个消费者特别心仪的解决方案。苹果公司当初开发出的 iPod 为什么能风靡全球？是因为他们认为消费者真正购买的不是一个更好的播放器，而是更好地"享受音乐"，所以为了实现消费者"享受音乐"的梦想，iPod 可以在 5～10 秒将 CD 下载到 iPod 上；下载 1000 首歌曲用不了 10 分钟（而用 USB 下载同样的 1000 首歌曲需要 5 小时）；电池待机时间可以长达 10 小时；体积更加小巧便携……乔布斯根据消费者的潜在需求重新定义了一个好的音乐播放器的准则，那就是给消费者提供"超爽的"获取音乐的方式，以及更舒心愉悦的音乐体验。

来自企业内部的优质主义越来越成为一个价值陷阱，如果单纯强调产品质量过硬，却与核心需求无关，这样的优质是一个自欺欺人的伪命题，摆在优质前面的永远是消费者的潜在需求和深度认同,只有把"优质"的话语权交给消费者,坚决摒弃企业内部的主观主义和经验主义,"优质"才会赋予产品强劲的生命力和发展潜力!

最后有一句话一定要分享给大家:"产品创新,不是要让世界增加一个新东西,而是要让生活变得更美好!"

本章内容要点温习

1. 优异产品有哪五大准则?
2. 产品创新应谨防哪四大迷失?

03 第 3 章 善解人意

猫走不走直线,取决于耗子!

比基尼适合在哪里卖

"比基尼适合在哪里卖？"每当我在营销课堂上向学员们提出这个问题时，很多学员都会不假思索、异口同声地回答："在夏天的海边。"

毫无疑问，这样的回答没有任何问题，它符合我们对比基尼消费和售卖的经验认知。在多数情况下，比基尼最合适出现的场景的确是在海滩上，大海是比基尼美女们最好的秀场，比基尼的需求很大程度上就是由大海和游泳池激发出来的。这样的认知已经被格式化。

但是从 2015 年起，淘宝大数据颠覆了这个看上去不容置疑的经验。淘宝数据显示：中国比基尼卖得最多的恰恰是两个离海很远的地方——新疆和内蒙古！

新疆和内蒙古离南方的大海很远，那里的女性对远隔千里的蔚蓝大海有一种强烈的向往之情，"看海"成了她们心中最浪漫、最美好的愿望之一，因此在这些没有海的地方推销比基尼，需要调整一下策略，决不能将比基尼当作日用衣物直接卖给女性消费者，因为少有女性愿意花钱为自己买一个平时根本用不着的东西，可以将比基尼包装成精美礼品，由男同志们买好后送给自己的老婆或女友，当一位男士将一件漂亮的比基尼送给一位女士时，完全可以大方而坦然地告诉对方：我送给你的不单是一件衣物，我希望将来能带你去看海……

把一个稍带尴尬的话题转化为一个浪漫而美好的承诺，此时此刻应该几乎没有一位女士会拒绝这样的盛情吧。

在通常情况下，远离大海的新疆在很多有丰富行销经验的专家眼里，是一块与比基尼绝缘的地方，但是在有深刻洞察力和想象力的创意大师心中，则是一块充满奇迹的丰饶宝地，这就是消费者洞察的魔力！

所以现代管理学之父彼得·德鲁克提醒我们：企业的成功不是取决于生产者，而是取决于消费者！

眼皮里的大商机

曾经有研究机构针对东方女性照镜子的行为做过数据统计，其中有几个问题很有意思。

第一，前一天晚上加班熬夜的女性在第二天早晨醒来时通常做的第一件事是什么？98%的女性一定是照镜子（看手机除外）。

第二，让女性（18～80岁）各自在一个四面都是镜子的房间里待一天，她们会看多少次镜子？结论是平均一天看镜子的次数至少在40次以上。

第三，女性揽镜自顾时首先关注的地方是哪里？毫无例外，一定是眼部！

第四，眼睑是面部肌肉中活动最频繁也是最薄弱的地方，据说女性平均每天正常眨眼13000次左右；而眼睑厚度仅有0.03毫米，女性的精气神及年龄秘密都藏在眼部。

正是因为有了上述"女性照镜子"行为的特殊洞察，成就了一个卓越的企业和优秀的品牌，这家企业就是丸美，他们充满传奇的创业征程和独辟蹊径的品牌战略就是从这0.03毫米薄的地方开启的，他们用来开疆拓土并最终成就"霸业"的"无敌神器"就是"丸美眼霜"。

丸美品牌的创始人孙怀庆曾在一家国有化妆品公司做产品推广，摸爬滚打多年后他发现，中国市场上针对面部保湿、防晒、美白、抗衰老的护肤产品居多，专门用来改善眼部的产品少之又少。

他通过对东方女性日常生活习惯，尤其是照镜子的行为细节的洞察，发现"眼部改善"是一种潜力巨大的需求，只不过当时很多化妆品的从业者们都习惯性地把眼部和面部笼统地视为一体，在使用护理产品时都是面部眼部全面兼顾、"雨露均沾"，对眼部护理的问题没有特别加以重视。在孙怀庆看来，眼部肌肤是整个面部最难护理的部位，眼部护理产品对技术要求极高，但同时眼部护理也是中国女性用户日常生活中非常在意的问题，他决定抓住这一契机，全力以赴打造适合东方女性眼部护理的完美精品，争做中国消费者期待的"眼部护理大师"，于是丸美公司应运而生，以"丸美"命名的眼部护理系列爆款产品依次推出，不断开启和引领女性眼部护理的新风尚。

十多年如一日，丸美始终精准锁定眼部护理，在"眼部护理"这个细小的泉眼上挖掘出长流不息的活水，彻底将眼部护理从面部护理市场中细分出来，成了一个新市场，而其品牌也因此拾阶而上，逐步成为全球消费者心中当之无愧的眼部护理大师。"眼霜，我选丸美"更成为万千爱美女性护眼有道的"信仰"。

然而，所有这些奇迹的发生都始于孙怀庆团队对中国市场与东方女性消费群体的精细洞察，始于他们善于从目标人群司空见惯的行为细节中敏锐发现潜在需求和商业契机，始于他们谋深思远的战略视野和敢为人先的创意解决之道……在这些实效创举中，对消费者潜在需求的精准洞察实为丸美产业与丸美品牌成功开局的首要功法！

洞察，烛照欲望的读心术

洞察通常是指对人或事物深入透彻、直击本质的察知和了解。洞察是一个应用语境非常宽泛的概念，有商业洞察、社会洞察、生活洞察、行为洞察、消费洞察等，不同的洞察有不同的着眼点和关键视角，但其根本目的都是要做到"透过表象看本质"，本书主要讨论的是在营销传播的语境下的顾客消费洞察，我们就说说顾客消费洞察那些事儿。

顾客消费洞察是烛照顾客欲望的读心术。透过消费者日常生活方式、行为特点及消费习惯等方面，深入解读其内心深处复杂而微妙的心机，以求准确把握其内心深处的真实需要，从而为更好满足消费者需求提供精准适切且合乎道德的解决方案。

在一个集贸市场上有三家水果摊。有一天，一位老太太来到第一家水果摊向老板询问："有李子卖吗？"

摊贩见有生意，马上热情地迎上前说："我这李子又大又甜，刚进回来，新鲜得很呢！"

老太太一听，二话没说扭头就离开了。

老太太来到第二家摊位，同样问道："有李子卖吗？"

第二位摊贩马上迎上前说："我这里李子有酸的也有甜的，您想要哪种啊？"

老太太满意地说："那好，给我来2斤酸李子。"

老太太拎着买好的李子顺道经过第三家水果摊前，第三位摊贩主动搭话道："您好，请问您家里最近是不是有喜事临门啊？"

老太太一听非常纳闷，这小商贩为什么平白无故问我这个问题呢？就反问道："你怎么知道我家有喜事啊？"

小贩答道："我看您专买酸口的李子，冒昧地问一下，您家里是不是要添丁进口了啊？"

老太太有些诧异又高兴地说:"哦,最近我儿媳妇怀孕啦,特别喜欢吃酸李子。"

小贩马上恭维道:"哎呀!那我要特别恭喜您老人家快要抱孙子了!有您这样会照顾人的婆婆可真是您儿媳妇天大的福气啊!"

小贩热情讨喜的恭维让老太太非常受用,索性停下来和小贩拉起了家常。小贩趁热打铁地说道:"孕妇怀孕期间保持良好的心情非常重要,但宝宝关键营养的补充更重要,如果让孕妇多补充些维生素含量丰富的水果,生下的宝宝会更加健康且聪明!"

老太太一听马上认真起来:"什么水果里的维生素多?"

小贩十分认真地答道:"很多书上都说猕猴桃含的维生素很丰富!"

"那你这儿有猕猴桃卖吗?"

"当然有,您看我这进口的猕猴桃个大、汁多,都是满满的维生素啊!"

"太好了,那你赶紧给我来一斤,不,来五斤……"

从此以后,第三家水果摊前几乎每隔一两天就会出现同一位老太太准时准点过来买猕猴桃,顺带捎回一点酸李子。

了解消费者需求并充分满足需求是营销的基本原则。从上述故事可以看出,这三个水果摊的摊贩分别代表了三种不同境界的营销水准,第一个摊贩是一个不合格的营销人员,他连消费者的基本需求都没有了解清楚,就自说自话、自卖自夸,这种不得要领的推销注定是不会有预期结果的;第二个摊贩算得上是一个合格的营销人员,懂得首先了解消费者需求,然后很好地满足消费者的需要;第三个摊贩可以算得上是超级营销高手,他不仅清楚地了解消费者的需求动因,而且还善于洞悉新的需求方向,从宝宝补充营养这个更敏锐的痛点切入,创造并且放大了"多吃猕猴桃"这一全新的需求。

从买酸李子到买猕猴桃不是一个简单的交易增加的问题,这里面包含了第三个摊贩对中国传统家庭微妙的家庭关系,以及老年人心理的深刻洞察。在儿子、孙子和儿媳之间,很多老年人心里都会习惯性地产生亲疏之别,买酸李子主要满足儿媳的口味需求,虽然也跟孙子有关系,但在老太太心里,这种关联度更多地建立在儿媳的身上,而买猕猴桃则不一样,吃猕猴桃的虽然也是儿媳,但它直接关系的是"孙子的聪明和健康",所以当摊贩把话题从"吃酸李子让媳妇胃口好"这个相对边缘需求引导到"吃猕猴桃让孙子更聪明健康"这个重度需求上来时,老太太再也无法抗拒,最终自觉就范、主动求购便是情理之中的事了。

从上述故事中我们还可以得出这样的结论,营销的精髓重在"创造性经营消费者需求"。"创造性经营消费者需求"从营销能力上讲分四个层级，分别是了解需求、满足需求、创造需求和放大需求，而在这四个层级中，第一个、第二个层级需要基本的调查判断能力外加一点沟通能力即可达到，第三个、第四个层级则需要敏锐且独到的洞察力和创意想象能力，要善于从最简单、最寻常、最司空见惯的现实中发现、想象并再造新的商业机会，而这就是我们说的"洞察力"，而洞察力的终极目标就是"懂你需要，给你想要"！

人是惯性思维的动物，容易对生活中某些司空见惯的行为细节熟视无睹，对正在发生变化的世界浑然不觉，更缺乏用新视角去认识事物的习惯，在久而久之的惯性思维中养成了积重难返的认知钝感，这种可怕的认知钝感会让我们在千变万化的世界中逐渐失去应对和驾驭变化的能力，让很多潜滋暗长的契机从指缝中溜走，因此培养对消费者需求变化的敏锐洞察和精准拿捏能力至关重要。

洞察力训练三大功课

"世事洞明皆学问，人情练达即文章。"如何让我们在营销过程中时刻做到"世事洞明、人情练达"，取决于三大洞察力功课：洞察人心、洞察世象、洞察物理。

洞察人心　　洞察世象　　洞察物理

1. 洞察人心，就是要从人性的幽微处发现潜在动机

某县政府决定盖一座政府办公大楼，将购进的建材都堆在一块空地上，经常发现建材被偷。县里相关部门开会商量，为防止建材失窃，建起围墙，装上电网，并派保安日夜看守，但是丢建材的事还是时有发生。

后来有位老领导建议：不用建围墙、装电网、派保安，只需要在建材四周立上几块牌子，上书"建庙用"即可。后来果然没人再偷，而且还有人主动将之前偷的建材还回来了。因为老领导知道，当地的老百姓大多信佛。

改变行为不如改变思想。只要把"偷东西占便宜"的想法改为"偷东西遭报应"，情况就可能从根本上发生转变，这种一念之差的改变就来自对人心的深刻洞察和精准拿捏。

一对青年夫妻逛商场时，妻子看中一套价格昂贵的高档餐具，执意要买，但是丈夫嫌贵。导购员悄悄对丈夫说："这么昂贵的餐具，您老婆怎么放心让您刷碗呢，"丈夫立马开开心心掏钱埋单。

那么在营销的语境里怎样才能获得有价值的洞察呢？有一个很关键的技巧就是要善于从问题中洞察人心，因为很多精准而深刻的洞察就藏在独特而别致的问题背后，只有问对问题才能快速准确地找到直通心底的洞察，而有效的问题由一连串由表及里、充满逻辑的问题链构成，这就是"消费者洞察的 13 个万能问题"，只要把下列这些问题研究透彻，消费者内心深处的需求密码就能自然而然逐一破解。

（1）谁是你的主要用户？他们是怎样的一群人（性别、年龄、学历、职业、收入、阶层）？

（2）他们有怎样的生活习性、行为方式和思维特点？

（3）他们有怎样的价值观、信念或信仰？

（4）他们在生活或工作中是否使用此类产品？为什么？

（5）若他们在使用该类产品，用的是什么品牌的？怎样使用？如何评价这些产品？

（6）他们如何看待我们的产品或服务？他们为什么买或不买我们的产品？

（7）他们钟情于一个产品的最主要的原因是什么？最在意产品的哪些要素？为什么？

（8）他们对当前市场上的该类产品还有哪些不满的地方？希望有哪些改进和提升？

（9）他们选购产品的决策流程和关键节点有哪些？通常怎样考虑问题？

（10）他们通常了解和接触产品信息的渠道有哪些？有什么机会能更方便地接触他们？

（11）他们与人沟通的方式和习惯有哪些？最感兴趣的话题是什么？

（12）他们在日常生活和工作中有哪些烦恼、隐痛，以及想要现实的愿望？

（13）他们有哪些能够暴露真实心机和潜意识倾向的特殊行为细节？

洞察的诀窍之一就是从习以为常、熟视无睹的细节中发现深藏不露的人性和商业玄机。

如何将冰箱卖给生活在北极的爱斯基摩人？

这是我经常在课堂上组织学员讨论的一个问题。如果不深入研究爱斯基摩人的生活状态，想当然地认为北极很冷，爱斯基摩人用不上冰箱，则此题肯定无解。要是走进爱斯基摩人的生活，当你用十足的细心了解他们生活的细节和痛点时，就会发现爱斯基摩人虽然不需要冰箱冷冻食品，但他们有一个最大的烦恼就是食物不能迅速解冻，所以只需要将冰箱的储存温度调高，向他们推销"解冻冰箱"即可，将冰箱的冷冻功能转换为解冻功能，需求就被创造出来了，这就是洞察的魔力所在。

2. 洞察世象，就是要从不同寻常的社会现象中洞悉玄机

有位交警开车例行巡查，看到一辆崭新的宝马车里的司机深吸一口香烟，然后把烟灰直接弹在了车内，警察感到很诧异，这是一辆新车，车主居然很随便地把烟灰弹在车里，真正的车主会这样对待自己的爱车吗？借朋友车的人也不会这么做，很有可能这是一个偷车贼。警察立即上前盘查，果不其然，车里的司机真是一个贼！

这就是一位有洞察力的警察，偶尔从小偷不经意的反常行为细节中就能看出有违常理的现象，然后通过分析即可做出准确判断。这种从留意细节到察知异样再到做出合理而准确的判断，就是洞察形成的过程，这样的过程充分体现了"洞察须从细微处见玄机"的特点。

不放过任何特殊现象和关键细节，善于从不同事物的关联中捕捉蛛丝马迹并形成有前瞻性的判断，是洞察力的又一要务，通常在现实生活中值得我们关注且能洞见商机的世象有如下三点。

一是大众"槽点"。往往大众"吐槽"的问题都能反映大众的诉求和急需改善的需求；二是社会热点，社会的热点现象往往孕育着新的消费动向和市场趋势；三是民生痛点，关乎普罗大众民生问题的共同心声和期望一定是市场刚需所在，只要不轻易忽视上述三点世象，并能从中深挖问题背后的根源，就有可能发现暗潮涌动的潜在需求。

随着汽车保有量的增加，汽车后市场（也就是服务端）成了全球汽车产业链中新的利润增长点。美国汽车服务占到整个汽车产业利润的 50% 以上，这种情况在中国市场也体现得越来越明显。

小拇指作为一家汽车维修服务公司，曾经通过对我国私家车用户车辆使用情况调查分析发现：我国投入使用的机动车尤其是家用轿车，平均每辆汽车每年发生轻微擦碰的次数超过 3 次，随着汽车保有量的不断增加，汽车表面微创修复市场规模将达到 6000 亿元，年增长率高达 20% 左右。

小拇指发现这个快速增长的市场，果断将公司业务收缩聚焦到"微修"领域，凭借自身掌握的汽车玻璃及国际先进 QSRS 车身快漆系统等表面微创伤快速修复技术，专业提供汽车表面微创修复、划痕消除、局部补漆、保险杠修复和挡风玻璃修复等业务，靠优质快捷的"表面文章"服务，赢得用户信赖。这样的经营模式不仅使交易成本大幅降低，自由现金流充裕起来，而且便于快速扩张，短短几年内在全国 100 多个城市就拥有 700 多家连锁店，平均日修复 2000 多辆，服务车主数超过 300 多万名，年营收 20 多亿元，成了中国消费者心中名副其实的"汽车微修服务专家"。

这就是小拇指从司空见惯的汽车擦碰现象中洞见的大商机，从而通过精细且敏锐的定位聚焦，将业务锁定在高频的刚需上，在"微修"服务上下足功夫，最终实现市场的快速裂变。由此可见，洞察力是成就大事业最不可或缺的重要禀赋，只要"法眼如炬"、有善于从不起眼的细节中发现和预见先机的洞察力和想象力，就可以在变化的时局中掘出金矿。

3. 洞察物理，就是从独特自然的物理中发现规律性契机

沿地球北纬 30°线一路行进，既有许多奇妙的自然景观，又存在许多令人难解的神秘怪异现象，这一地带既有地球上最高的珠穆朗玛峰，也有最深的马里亚纳海沟，四大文明古国都分布在这一纬线上。

尤其神秘难测的是，这条纬线上充满了许多至今无法解释的自然及文明之谜。如古埃及金字塔群、令人难解的狮身人面像、神秘的北非撒哈拉沙漠达西里的"火神火种"壁画、死海、古巴比伦的"空中花园"、让人惊恐的"百慕大三角区"、远古玛雅文明遗址等。

与此同时，地球在 46 亿年的沧桑巨变中，不仅形成了今天独特的地质地貌特征，留下了如此繁多的神秘现象，而且汇集了大量精美绝伦的自然奇观与丰富的人文景象，尤其是横贯整个中国腹地的北纬 30°线，由西向东的藏、川、湘、鄂、赣、皖、江、浙等几大省区大山大川广布、物产人文荟萃……这些独特自然物理的规律性分布除了给我们带来无尽神秘的遐想，还能给我们带来哪些现实契机呢？

有识之士们根据中国北纬 30°线自然奇观和人文风貌大量汇集的现象，提出打造中国北纬 30°线黄金旅游景观长廊，这个长廊东起杭州湾、西到日喀则，串接起旖旎的海岛风光、婉约优美的江南水乡、世界陶瓷业的圣地景德镇、徽商文化的发祥地、地灵人杰的荆楚湖乡、鬼斧神工的张家界三千奇峰、"上帝跺脚"留下的武隆天坑、鄂西秘境神农架、世界水利文化鼻祖都江堰、喀斯特王国贵州、圣洁无瑕的西域雪山、康定古城、喜马拉雅山、美丽纯净的日喀则等精华的旅游资源，同时发现这条黄金旅游资源分布线竟然与长江流域经济带几乎无缝重合，这给中国旅游产业发展与长江流域经济发展留下了非常宏大的战略想象空间，可以通过打造中国北纬 30°线黄金旅游景观长廊，以大纵深、大区域、大关联的旅游产业发展格局，整体带动东西部旅游产业同步发展，还可拉动整个长江流域经济带相关产业的快速发展，从而形成全世界绝无仅有的以大纵深旅游产业促进大纵深区域经济发展的宏伟格局。

这种独步古今的宏大设想一旦成为现实，其能量和影响力必将泽及万世，在世界经济史上也堪称奇迹，但这一切都源于对特殊自然物理现象的深邃洞察与大胆想象。

明朝政治家张居正在他的《智察卷》有一段话："月晕而风、础润而雨，人事虽殊，其理一也。惟善察者能知微见著也。"意思是说月亮有光晕，就一定会刮风，柱石变得湿润，就一定要下雨，人类与自然的很多事情虽然不一样，但道理相同，只有善于观察的人才能够从细微处发现本质和预见未来。

前几年，中国遭遇空气污染困扰时，一些境外的企业从中洞察到"雾霾商机"，纷纷采取行动，针对中国消费者推出相关产品。

日本小林制药专门针对中国消费者研制并推销"清肺汤 DUSMOCK"，声称有应对 PM2.5 的功效。美国的 3M 公司更加不甘落后，以其 50 年生产口罩的经验，专门推出了防颗粒物口罩，受到中国消费者的狂热追捧，3M 不仅成了市场上最受信赖的口罩品牌，同时也是最难买到正品的品牌。当然，3M 也因此成为中国"雾霾商机"中的最大受益者，仅 2013 年 3M 在中国销售的口罩就达到 1 亿美元以上。甚至有一家加拿大公司向中国出口新鲜的落基山空气，每罐相当于 149 元人民币的空气，居然火爆热销到供不应求的程度。

春秋时期经济学家计然提出，"旱则资舟，水则资车，物之理也。"其意思就是在干旱时节要去投资船，洪涝时节要去投资车，这就是事物发展的规律。这句话其实说明了自然条件与环境变化对商品供求关系有至关重要的影响，我们经营企业也要善于利用自然现象的变化规律，但前提是对这些自然物理的变化要有前瞻的洞察，并根据洞察形成自己对潜在商机的精准预判，才能真正把握良机、顺势而为。

如何洞察自然物理，必须把握九字法则："看天象、观人情、察商机。"所谓"看天象"就是要看目前发生某些自然或社会现象是否具有足够的波及面和影响力？是否会与普罗大众的生活产生紧密联系？这种现象是否可能常态化？"观人情"则是指在这些特殊现象存在过程中大众会做何反应？这种反应的强度是否关联到生活方式的改变？"察商机"则指某些特殊自然或社会现象的出现对百姓的生活是否会造成影响，以及这些影响可能引发哪些潜在需求？如果发现这种潜在需求有可能常态化和扩大化，则可断定是一个大商机，便可抢占先机、布局未来……

知晓人性，管理欲望

互联网金融是近几年中国金融业最热门的话题之一，随着百度、阿里巴巴、腾讯等大型互联网企业涉足金融业，互联网金融逐渐成为新的行业增长点，其中阿里巴巴开发的"余额宝"表现尤为抢眼。

余额宝是 2013 年 6 月 13 日上线的，6 月底用户就突破 250 万户，8 月中旬用户存储资金规模超过 200 亿元，三季度末超过 500 亿元，到 12 月中旬也就是正好半年时间，资产管理规模突破千亿元大关。中国基金业发展 10 多年来很少出现千亿元级别的基金，余额宝仅用 6 个月就实现了。

余额宝这个不按牌理出牌的"搅局者"，为什么能把金融界"搅得周天寒彻"，其成功之道归结起来无外乎以下几点。

（1）与传统金融"嫌贫爱富"追大户的服务宗旨有所不同，余额宝奉行的是"错位觅食"的战略，服务的恰恰是过去传统银行无暇顾及的那些家财不丰的普通民众，虽然家财不丰，但是这部分人群占到了整个社会人口的 80% 以上，这样庞大的人口基数所蕴藏的市场潜力是无法估量的，这为余额宝与传统金融的错位竞争提供了良好的群众基础和庞大的发展空间。

（2）门槛低到无门槛，一元起步便可享受理财服务。此前，大多数传统银行的理财产品都设有最低 5 万元的投资门槛，有些收益更高的信托产品门槛更是高达上百万元，这种高门槛的设定自然就将广大老百姓拒之门外，而余额宝坚定地站在大多数"薄产阶级"一边，以超低门槛吸储，让大众都能享受理财服务，感受"理财一族"的荣耀……这样的举措自然就能一呼百应且应者云集。

（3）余额宝在提供远高于银行活期乃至定期存款利息的同时，存储资金使用方便自由，支付转账灵活自如，收益按日结算，资金流动性不受存期限制。另外，理财手续简便不费脑，随时随地、随手即办。高收益、灵活性、方便性自然成了余额宝吸引用户、完胜传统银行的"大杀器"。

（4）余额宝还有一个独家法门就是和淘宝平台进行无缝绑定，用户可以更加方便自由地在阿里巴巴电商平台上消费购物，既做到了肥水不流外人田，同时这种消费理财无缝对接的模式进一步增强了用户黏性。

（5）虽然大家都知道"投资有风险"，但很多人依然义无反顾地把自己的血汗钱或私房钱放进余额宝，因为"不差钱的阿里巴巴不会骗我们这点小钱"几乎成为大众共识，给大众带来定心丸般的信任感。

余额宝的成功，不仅成为中国互联网金融产品创新的里程碑，也促使传统金融业真正开始认识到平均财富较少但人口基数大的草根市场的无穷潜力，同时还促进传统金融从"捧大户"的窄惠金融开始向普惠金融的深刻转型，然而这一切都来自余额宝决策团队对中国社会结构的透彻认识，以及对普通民众人性的深刻洞察！

我们在文中所说的草根泛指普通老百姓，面对很多现实问题：没房、没车、存款不多，生存与生活压力重如泰山，焦虑、纠结、自我矮化，却又不甘自我荒废，未来不敢多想，却又不得不想，增加收入和创造财富的愿望从未停止过，但难度比以往任何时候都大，因此任何一点小改善和小成就都能成为大满足……正是因为对这类人群特殊心态的深刻洞悉，结合互联网平台的聚众优势，阿里巴巴才能将余额宝打造成老百姓无法拒绝的吸储神器……说千道万，催生余额宝野蛮疯长的商业创意，就是对普通民众人性需求的深邃洞察与精准拿捏！

所有成功的商业战略，从根本上讲都是对消费者进行有效的欲望管理。任正非有一个非常在理的欲望管理理论，他认为企业管理和商业运作遵循的都是人性和欲望的逻辑，企业要想取得成功，就要抓住人性的欲望。任正非在诠释这一观点时，有一段话讲得非常透彻：我们经常听到一种说法，叫作无欲则刚，这个说法第一违背人性；第二无欲者很难做到所谓刚强而有力量；欲望是中性的，很大程度上是企业、组织、社会、市场进步的一种关键动力，欲望构成了人类组织管理与商业发展的进化史，任何商业成功背后所展示的逻辑，都是人性的逻辑、欲望的逻辑。

从这个欲望管理理论中可以看出他的核心观点——任何成功的商业管理，从根本上讲都是对人性和欲望的管理，而要管理人性就必先洞察人性、拿捏人性和有远见地运用人性。

世无神机妙算，唯有见微知著。这个世界所有的美好其实都藏在善于发现的眼中，我们从未停止遇见，只是习惯了视而不见。要想拥有一个美好世界，给自己一堆方法，不如首先给自己一双善于洞察人事的慧眼！

洞察是一种充满前瞻性和预见性的先见之明，更是一种成就大业不可或缺的重要禀赋，真正的智者和赢家都能在变化万千的世态人情中见人所难见之势、断人所难断之局、创人所难创之业，但这些都需要有从细节中发现问题的敏锐力、从人性中感知需求的共情力、从现象中洞见本质的判断力、从变化中预见未来的想象力。对于企业家和营销人而言，敏锐深邃的洞察力越来越显示出比单纯的行业经验更强大的力量，很多没有行业经验的"外行"们之所以敢在一个陌生的领域打拼并成就事业，除了他们通晓那些百业相同的重要商业规律外，更重要的是他们都有一双敏锐通透、洞幽烛微的慧眼，既能"草色遥看近却无"地前瞻未来、预见先机，更能"春江水暖鸭先知"地体察人情、洞悉需求，所以他们才能在波诡云谲、风云变幻的商业大潮中捷足先登、独领风骚！

洞察力比行动力重要100倍！

这是我在任何一堂商业创新和营销变法的课堂上都会特别强调的重要观点，世间万事只有"眼到"，看准方向并看透要领，"手到"才会有预期的结果和价值。再次重申洞察力的重要性，是因为它的确非常重要，很多企业家都有类似的表述：市场营销没有大师，唯一的大师就是消费者，要做好营销，就必须深入洞察消费者、洞察这个世界正在发生的一切。

行文至此，想起有个小品里的一句台词："猫走不走直线，取决于耗子。"而耗子怎样走直线，则取决于你对它的洞察程度。

本章内容要点温习

1. 何谓消费者洞察？
2. 消费者洞察有哪13个万能问题？
3. 洞察力训练有哪三大功课？

第 4 章　价值独占

刘邦诸事皆不能为，唯独能为君耳！

格林纳达（Grenada）是加勒比海上一个拥有中央高山雨林的小火山岛，人口只有94000人，但失业率高达30%。由于其传统经济主要依靠农业，旅游业就变得越来越重要。格林纳达曾经用"盛产香料的小岛"这个定位来推广自己，但收效甚微。格林纳达定位不准，需要一个新的定位以招揽游客。

同处加勒比海的很多大岛屿都是格林纳达的竞争对手，而且它们更受欢迎。格林纳达相比之下则默默无闻，因为没有得到开发，完全是一个未被破坏的自然公园。没有旅游者，没有高层建筑，没有大饭店……这是岛屿现实的情况，也是它区别于其他热门岛屿的最大卖点，于是格林纳达提出了一个全新的战略定位——保持加勒比海的原始风貌。

围绕这一定位，格林纳达在精准且煽情的文案中被描述成如此景象：没有一座建筑会比棕榈树更高，今后的政策也会如此；没有飞机和信用卡，远离城市喧嚣；它的瀑布是天然而非人造的，它的海滩没有受到任何开发污染；加勒比海最后一个原始岛屿……格林纳达，100%保持加勒比海的原貌！

"保持加勒比海的原貌"这一独特定位，不仅一举扭转了格林纳达长久以来存在感低、贫穷落后、失业率高的颓势，而且实现了经济发展动能的成功转换，将过去以低效、单一和脆弱的传统农业为主的落后经济发展模式，升级为以旅游服务业为引领、多元发展的高效模式，带来了充分的就业，同时重塑整个国家形象和国际地位。

所以，任何事物的合理存在首先必须要有一个清晰且合理的定位，大到一个国家的自立自强，小到一家企业的市场营销，要有存在感，必先有定位！

飞鹤乳业何以一飞冲天

飞鹤乳业创始于1962年,从鹤城齐齐哈尔起飞,迄今已有50余年专业乳品制造历史,是中国最早的奶粉生产企业之一。飞鹤专注于婴幼儿奶粉的研发和生产制造,旗下拥有多个系列产品,是拥有最完整产业链的婴幼儿奶粉企业,创造了50余年的安全生产纪录,是名副其实的"一贯好奶粉!"

过去,飞鹤奶粉的销售人员在围绕"一贯好奶粉"这一品牌承诺描述产品优势时就会有一段标准话术:"飞鹤奶粉的核心竞争力在于其优异的奶源产地,位于北纬47°,全世界最好的奶源带都分布在这个纬度,完全可以称得上全球黄金奶源带,这个纬度的昼夜温差比较大,种植奶牛食用的苜蓿草蛋白质含量高,奶牛吃后可以提升和优化牛奶的各种营养要素……"

这样的描述没有任何问题,这的确都是飞鹤企业客观存在的独特优势,但这不是从消费者视角挖掘出来的产品价值,因为当时中国人买奶粉首选四大国际品牌,多美滋、美赞臣、雅培和惠氏,大家都会习惯性认为外国的牛奶比中国好,相比黑龙江,荷兰和新西兰等地产出的奶粉无论是奶源品质还是技术水准都会高出很多……面对这些根深蒂固的大众认知,如果希望大众在短期内有所改变,并重建黑龙江"北纬47°线黄金奶源带产好奶"的认知无疑是缘木求鱼。

另外,对于消费者来讲,不管是国外奶粉还是国产奶粉,他们真正需要的是有助于宝宝健康成长的好奶粉。基于这样的需求洞察,飞鹤奶粉提出了全新的品牌定位——更适合中国宝宝体质的奶粉!所有产品研发、生产和品质要求都围绕这一定位,并在4个方面下足功夫,进一步夯实这一定位承诺:①严格按照中国母乳的黄金标准进行研发,奶粉营养无限接近母乳成分;②打造一条从牧草种植开始的全产业链,构建起2小时生态圈;③奶牛牧场拥有得天独厚的地理优势，从奶源上保证更适合中国宝宝的体质要求；④独特的鲜奶湿法工艺制成奶粉，从配方到制作工艺再到 28 天新鲜送达，这些都确保飞鹤奶粉能将"更适合中国宝宝体质"的承诺落到实处。

随着这一定位的确立和营销推广，飞鹤奶粉销量开启了高歌猛进的倍增模式，短短几年便突破百亿元大关，一跃成为中国奶粉市场的领导品牌。

有定位，才能行天下

品牌营销成功的关键首先在于找到一个用来彰显特质、吸引用户，并能与竞争对手区隔开来的定位，而后以此定位作为品牌的发力中心延展各种营销手段和传播策略。这里所说的品牌定位大致包含两层含义：①品牌定位就是要让产品在顾客心里抢占一个与众不同的有利位置，让人们对产品另眼相看；②品牌定位一经确立就将成为品牌对外沟通和传播的唯一指针与发力中心！

第一层含义中有三个关键词：与众不同、有利位置、另眼相看。这三个关键词把定位的本质讲清楚了，与众不同是从竞争的角度要保证产品较之对手有显著的差异感；有利位置是从消费者需求的角度讲产品的差异化特点必须是对消费者有实际价值和现实意义的；另眼相看是定位的终极目标，我们所有定位的努力最终都是为了让消费者对我们的产品情有独钟。三者缺一不可，过去很多人不加分析地盲目追捧"差异化"的价值，但我们发现很多时候单纯的"差异化"对消费者来讲是毫无价值的，差异化只有建立在与消费者需求有关联的前提下，才有价值。

比方说现在有个男人头上长了三只眼睛，就像二郎神杨戬那样，这一定是全世界最与众不同的男人，他能不能凭借自己的三只眼娶到全世界最漂亮的姑娘？不能说没有，但这种可能性是微乎其微的，因为"三只眼"绝不可能成为赢取一个姑娘芳心的强大动因，没有女人会将一个男人多出的一只眼视为至宝，除非这多出的一只眼具有特异功能，能够清楚看透和辨识深埋在地下的宝藏，姑娘们才有可能对其另眼相看进而芳心暗许。

第二层含义里面也有两个关键词，一个是唯一指针，另一个是发力中心。意思就是当一个产品的品牌定位确立之后，接下来所有的传播都是围绕这个核心定位展开的，就像前文说的飞鹤奶粉，一旦将"更适合中国宝宝体质的奶粉"作为核心卖点和定位确定下来，后面所有的营销传播都聚焦在"更适合中国宝宝体质"上，所有的传播、推广及顾客沟通都是围绕"更适合中国宝宝体质"这个概念展开的，因此"更适合中国宝宝体质"不仅是飞鹤奶粉带给消费者的认知标签，更是所有营销传播活动展开的原点，也是发力中心。

前文讲过的丸美也是如此，一旦将自己定位成"眼部护理大师"，它所有的产品、服务、传播都聚焦在"眼部护理"上，"眼部护理"不仅是丸美品牌给人的印象标签，也是所有营销活动的发力中心，更是丸美这个品牌在全球化进程中产业发展的主线。这就是定位的重要价值，不仅要成为消费者简单清晰认知的指引，更要成为产业发展和营销传播的主轴，所以精准的品牌定位是企业发展战略的需要，更是成功的营销策略所必须遵循的定海神针。

在前文定义品牌时就讲过两个概念："品牌是指一个产品留在消费者头脑中的总体印象""品牌营销就是要让产品在消费者头脑中形成代表性认知"，这里的"总体印象"与"代表性认知"的形成就来自定位，尤其"形成代表性认知"是一切成功定位的最高准则。定位的关键就在于如何让产品在消费者头脑中形成某种品类或属性的代表。比如我们说到男人的剃须刀，首先想到的是吉列，或者反过来说到吉列，大家是不是很容易想到它是剃须刀，这就说明吉列已经成为人们心目当中剃须刀的代表。一个品牌一旦在消费者头脑中成为某个品种或特性的代表，人们只要有需求、不差钱，就会第一个想到去购买它。

所以，品牌创建的核心就是如何让消费者觉得"你等于什么？"当产品在消费者心中与某种需求形成认知等式时，就离成为强大的品牌不再遥远了！

有一个大家都熟悉的产品叫喜之郎果冻，提起喜之郎，很多人会不由自主想起一句广告语："果冻，我就要喜之郎！"这已经成为一种长期固化在消费者心中的"集体记忆"。

在通常情况下，果冻被人们认定为一种非必需品，不像柴米油盐酱醋茶那样为日常生活所必需，可就这么个小玩意儿，喜之郎每年销量达几十亿元，妥妥稳居全球果冻第一品牌的宝座，大家知道它是怎么做到的吗？其中一个很重要原因就是因为喜之郎曾经提出了一个"霸气"的品牌口号——果冻就是喜之郎！

这句话一看就很"霸道"，直接将果冻与喜之郎画上等号，那就意味着喜之郎是小朋友吃果冻的不二之选，对于很多不谙世事的小朋友来讲，给了他们一种清楚、简单不费脑的消费指引，经过长期重复传播之后，就在思想单纯的小朋友心中固化为一种"消费信仰"，进而形成一种排他性消费认定，只要谈及果冻就理所当然地认为是喜之郎，不大会想到其他品牌，中国有无数的小朋友就被"果冻就是喜之郎""果冻我选喜之郎"这种品类等同感强的定位话术深度教化了，所以他们心中认定的果冻就是喜之郎，没有之一。

喜之郎果冻从无人问津到如今的人尽皆知，从一个生活的非必需品到小朋友不可或缺的产品，从一个行业的后起之秀到全球果冻第一品牌，它的成功在很大程度上得益于"果冻就是喜之郎"这个坚强定位，以及这个定位在人们头脑中形成的"代表性认知"。

令国人引以为傲的品牌"大疆无人机"也是如此，现在大疆不只是在中国，在全世界也是"无人机"的代名词，在无人机领域绝对是"天下谁人不识君"的存在，因此它可以占全球无人机市场70%以上的份额。

成功的定位就是在消费者心中建立认知等式。让品牌在顾客心中成为某种品类的代表，这是企业打造品牌的最高理想，从定位操作的层面讲也是定位的最高境界。建立品类的代表性认知并不是一件容易的事，首先必须有足够好的产品，好到在短期内不可被模仿和替代，这就对产品创新提出了很高的要求，而且必须在这个行业刚刚起步的窗口期才有实现目标的可能。另外，在产品推广过程中消费者需求引导和品类教育的成本也会相对较高。

当然，建立品类的代表性认知也并非企业成功打造品牌的唯一选择，还有另一种方式可以实现这一目标，那就是"特性独占"。如果说企业没办法快速让产品在消费者心中成为某个行业或品类的代表，但可以退而求其次，在某种有价值的产品特性或消费需求上建立代表性认知。

比如说舒肤佳，虽然不能成为香皂的代表，也不能成为沐浴露的代表，但是舒肤佳抓了一个很重要的产品功能——杀菌。这是一个非常棒的产品概念，它升级了过去"香皂去污"的传统功能，此前香皂的基本功能都是围绕去污的，当所有人都在变着花样地鼓吹去污功效的时候，舒肤佳没有凑热闹，别开生面地讲"杀菌"，因为"细菌"比"污渍"听上去更可怕、更令人毛骨悚然，因此讲"杀菌"远比"去污"更有刺痛感，更能打动人心，而且能够杀菌的香皂去污也不在话下，所以舒肤佳就是将定位从百家争鸣的"去污"功效上升级到"杀菌"这个独特且强悍的卖点上来，一下子就从香皂的阵营里脱颖而出，使中国万千家庭主妇们都深刻体会到"细菌非小事，杀菌须用舒肤佳"，舒肤佳真正成了她们心中不可替代的"杀菌王"。舒肤佳凭借"杀菌"这一强大锐利的品牌定位，不仅开创和升级了中国家庭健康护理的新需求，成为香皂市场的新的王者，而且重构了市场新格局，凭借"杀菌等于舒肤佳"这个代表性认知，成功扩展了产品类别。舒肤佳现在不仅有杀菌香皂，还有洗手液和沐浴露等系列品类，这些品类都因为充分共享"杀菌"这一概念红利，无一例外地取得了令人瞩目的成绩，可见舒肤佳虽然不能成为香皂或者沐浴露等某一品类的代表，它却成为"杀菌"这一功能的代表，并且凭借这一功能锐不可当地拓展了市场和商业版图。

还有一个老生常谈的品牌沃尔沃也是如此。沃尔沃虽然不是轿车的代表，但它非常成功地在消费者心中占据"安全车"的位置。安全对一部车而言是最重要的品质标准之一，对车主来讲更是最重要的需求和保障。沃尔沃几十年如一日始终坚守"安全"的制高点，在汽车的安全性能上也下足功夫。比如第一条三点式汽车安全带就是沃尔沃发明的，安全气囊也是沃尔沃发明的，还有确保车身稳定的安全底盘等这些有助于增强汽车安全性能的关键技术都是沃尔沃首创的，沃尔沃对安全研发的投入比是所有车企中最高的。从 1970 年起成立的"汽车交通事故调查小组"，到 2000 年"沃尔沃汽车安全中心"的成立，沃尔沃汽车的车身结构安全性和主动安全方面的研发一直走在世界前列，"安全"成了沃尔沃名副其实的傍身绝技，凭借"安全"这杆飘扬在全球消费者心中的大旗，让注重安全的车主们对其趋之若鹜。时至今日，沃尔沃依然毫不动摇地在"安全"上"啃老"，同时也在不断强化"安全"的品牌印记。

当然，全球汽车产业发展到今天，各大汽车品牌都很重视安全，而且很多品牌的汽车在安全性能上相比沃尔沃已不遑多让，但是今天很多人依然死心塌地地认定沃尔沃最安全，所以那些愿意为"驾乘安全"买单的人依然会将沃尔沃作为重要选。这就是我们之前讲过的"认知重于事实"，这种认知的建立就来自一直坚守的品牌定位，以及这一定位在消费者大脑中的深入扎根。

多年前，我认识一个培训圈里的朋友，声称自己能讲 30 多门课程，我问他主要讲什么领域的课题，他说他讲的课程不局限于哪个门类，基本上现在那些热门的课程都能讲。我听过之后很吃惊，好在没有听他说这 30 门课程都讲得很好，否则我可能要将他视为"天人"。

后来我才知道，他能讲的课程种类虽多，但请他讲课的人却寥寥无几，他所幻想的"这门不行那门行，总有一门适合你"的通吃局面并没有出现。有一天晚上，他给我打电话，说要请教当前困局破解之法，作为朋友，我含蓄地给他提了"四个专"的建议。

一是"专长"，心无旁骛地做最擅长、最有竞争力的事情，争取做到"不可替代的好"。

二是"专精"，人生苦短，能把一件事做好已属不易，聚精会神专注于一件事，如果想当一个好讲师，就该"忍痛割爱"把现在能讲的 30 门课砍掉 29 门，精简压缩为一个门类，然后精研一门内容有特色、市场有需求、个人有卖点的"独门绝学"。

三是"专业"，让自己在所聚焦的领域足够专业。能讲 30 门课，但并不能说明你在哪个方面是专业的，你需要聚焦在一个学科领域内建构自己独特的知识体系，让自己成为一个真正的专家甚至"王者"。

四是"专属"，这是关乎个人角色和品牌定位的问题，只有专注一个学科领域，在该领域做好功课，磨炼好教学技能，在学员和机构累积良好的口碑，才会有更多机会，但这些口碑来自大家对你建立"专属性认同"，让人们一提到你就自然认定你属于哪个领域的

"牛人"，或者一涉及某个领域就会自然地想到你，认为那是你的"专属领地"。做到了这"四专"，相信你的人生定会有别样的改观，充满无限可能。

以上所说的这"四个专"，其实就是给一个怀揣讲师梦的人进行职业规划的定位指引。遗憾的是，他好像并没有完全心领神会，或者压根儿就不以为然，又或者他觉得要做到这些实在太难，索性还是听从内心召唤，一切我行我素吧，因为我后来发现他的状况压根儿就没有任何改变，依然到处宣扬他的 30 门课程无一不能，依然"百艺傍身"却无人问津。

无论是经营企业还是经营人生，"有定位才能行天下"这一放之四海皆准的行事法则，在任何时候都是指导我们走向成功的根本大法。

不可不知的六创定位法

定位理论的行为准则是"认知准则",心理学中有个词汇叫"沉锚效应",就是说对某人或某事做出判断,易受第一印象或第一信息支配,就像沉入海底的锚一样,一经扎定,很难改变。任何一个有影响力的品牌也像扎进海底的锚一样,一旦嵌入人心就很难撼动。这只扎在心底的锚就是我们现在所说的品牌定位。为了有效发掘有价值、有抓心力的品牌定位,下面有六种屡试不爽的技巧,简称为"六创定位法",可供大家参考和参悟,如图4-1所示。

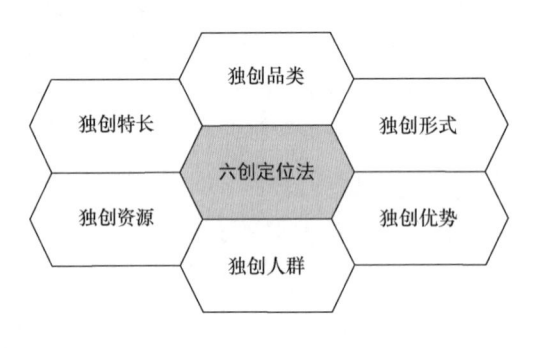

图 4-1 六创定位法

1. 独创品类

第一种是独创品类。关于这种方法,前面已有所提及。创造一个新品类,不仅是品牌定位的问题,还是一个公司的产品创新和产业发展战略问题,我们经常讲"战略面前,万般皆下品",所以品类创新绝非小事。

商人陈立恒,原来一直做礼品代工业务,1997年开始投入瓷器礼品的研发,2004年在江西景德镇买了一口古窑,在景泰蓝瓷器传统工艺基础上变法求新,一改中国官窑器型规整古拙、均衡端方的风格,充分融合西方消费者的审美取向和国际陶瓷工艺发展的新潮流，强调以创意为核心竞争力，作品构思皆取法于大自然，将花草虫鸟、山川星月都以立体造型呈现于作品之中，灵动优美、变化多姿、妙趣天成，将杯盘瓢盆等日用器皿升级成高雅艺术品，更将全球陶瓷艺术美学推向新的高度，开创了全球瓷器产业的"新瓷器时代"。他将这种脱胎换骨的全新陶瓷品种，以自己的英文名 FRANZ 音译冠名为"法蓝瓷"，从此全球陶瓷家族中又添新成员。

"法蓝瓷"的出现改变了中国长期在世界顶级瓷器品牌中缺位的尴尬状况。陈立恒所创立的法蓝瓷，曾连续多年获得景德镇陶瓷博览会金奖、纽约国际礼品展最佳礼品奖、联合国教科文组织世界杰出手工艺品等诸多大奖，年销售额达十多亿元。

从品牌战略的角度上讲，陈立恒既开创了一个全新的品类，又打造了一个卓越的品牌，但无论是品牌还是品类，它们都共享一个名字，那就是法蓝瓷，这种品牌品类合体的情况在中国乃至世界都是绝无仅有的，所以当人们提及法蓝瓷的时候，无论是从产品的角度还是品牌的角度，在全球都是独此一家的，当人们希望拥有一套法蓝瓷的产品时，法蓝瓷这个品牌不仅是当然之选，更是唯一之选。

目前，法蓝瓷已是全球瓷器业当之无愧的产业创新标杆，更是品类创新的杰出代表。一个品牌能够在消费者心中成为品类的代表，它不仅是无敌的，更是不可替代的，因为占据品类，不仅能在消费者心中形成"第一"印象，还能在竞争中制造不可逾越的卡位壁垒，更能有助于品牌扶摇直上、独占鳌头。

美国认知心理学先驱乔治·米勒在对消费者处理商品信息的习惯做了大量调查研究后有一个重要发现：消费者面对成千上万的产品信息，习惯于把相似的信息进行归类，赋予一个统称（这个统称就是品类名称），而后再用一个有代表性的名称形成认知和记忆的标签，从消费者选购和确认产品信息的思考顺序上讲，一般也是首先确认品类而后确定品牌。例如，口渴的时候，消费者头脑中首先确定的是喝矿泉水还是饮料或果汁等品种，如果确定要喝碳酸饮料，才选择是可口可乐还是百事可乐等品牌；如果想买一部代步的车，头脑中也是先考虑买轿车还是越野车，而后再从确定的品类中选择自己心仪的品牌。这种先有品类再有品牌的信息着床方式几乎成为人类进行消费选择的根本逻辑。

品牌的力量源于其与某个品类形成牢固的关系。这样，当消费者想购买某个品类的商品时就会自然而然地想起能够代表这一品类的品牌。就像立顿成为"袋泡茶"的标签，所以它就成为袋泡茶行业内不可撼动的霸主；九阳成为豆浆机的代表，自然成了豆浆机行业内的第一品牌；蓝月亮只是将过去固体状的洗衣粉变成了液体状的洗衣液，作为洗衣液的代表品牌，占洗衣液市场 40% 的份额……

当某个品牌与某个品类在消费者头脑中被锁定在一起，成为该品类的代表时，品牌的影响力和竞争力就会被放大，所以从某种意义上讲，品类是隐藏在品牌背后的关键力量，产品营销和品牌打造的本质，就是一个将品牌变成品类代表的过程，一旦一个品牌成为某种品类的代表，独占性竞争优势就会立竿见影地显示出来。

独占品类的定位策略尤其适合互联网平台企业，现在很多快速上位的互联网品牌，几乎都是靠创造或抢占品类脱颖而出的，如瓜子二手车网，很清楚地表明是专做二手车的，亚马逊定位"图书专卖"、京东早期定位于"家电电商平台"等都是采取这一策略，因为这样的定位策略也是由互联网平台用户选购产品的心路历程决定的，用户网购时一般先找品类，后选品牌，平台要先通过品类独占锁定用户，才有机会吸引用户在平台上挑选符合意愿的品牌，最终实现交易。

独创品类是快速成为"行业霸主"的最锐利战略之一。一个品牌能否作为行业领导者，通常看两个指标：一是市场占有率，二是在消费者心智中的地位，后者尤其关键。当一个品牌成为人们心中某种品类的代表时，就等于抢占了该市场领域的制高点，它一定会成为这个领域当之无愧且毋庸置疑的绝对王者！

2. 独创特长

第二种是独创特长。品类卡位的先决条件是该行业中还没有领导品牌，但是当行业中已经有了领导品牌的时候，试图以同质化"血拼"的方式颠覆现有的市场格局，谋求逆袭上位，其难度势比登天。唯一可以翻盘的法门就是"独创专长"，通过创造某种强大的产品特性或潜在刚需也能"称王"。

"独创专长"顾名思义就是基于现有的产品状态挖掘独有的特长、功能或消费者利益点，比如同样是传统凉茶，王老吉没有成为人们心中凉茶的代表，却抢占了"预防上火"这个特性，最终抢占了很大一部分市场；九龙斋没有成为百姓心中酸梅汤的代表，却抢占了"解油腻"这个特性，快速切分了大片市场。

互联网团购发展至今已经有了数千个品牌，美团外卖能够从这数千个竞争者中脱颖而出，关键在于它抢占了一个"快"字，它把"快"作为自己的专长定位，提出"美团外卖，送啥都快——35 分钟就到"的品牌承诺，因为"快"是每个用户在家等待外卖时的重要念想，所以美团就将"快"作为最坚定的服务承诺来吸引用户、区隔同行并形成鲜明的品牌印记，这样的定位经过传播之后，让美团外卖营业额大幅增长，最终使得美团在竞争激烈的外卖行业成功胜出！虽然美团没有成为"外卖"这个行业的代表，但它成功占据了消费者很在意的"快"的概念，因此该品牌能迅速蹿红就是顺理成章的事了。

手机行业的几大霸主，他们都是靠抢占了不同功能专长才拥有了自己的立足之地，并获得了长足的发展的。例如，OPPO强调拍照功能，声称自己是拍照很好的手机；vivo突出音乐的功能，定位成音乐手机，以此吸引众多音乐发烧友；小米标榜自己是性价比高的手机，价廉物美的东西谁不喜欢啊，这就是为什么它能拥有海量"米粉"的根本原因；华为将自己定位为商务手机，所以职场精英们使用华为手机的越来越多，除了华为是国人骄傲的品牌，它的高端大气、有内涵的商务气质也是赢得人们青睐的重要动因。

汉庭酒店的品牌成功也遵循此道。汉庭酒店通过市场研究和大数据分析发现，住经济型酒店的人群多为"80后""90后"，占整个住客人群的70%以上。一般经济型酒店的常客对住店有两个基本需求，一是实惠，二是干净，尤其是干净这一点，当所有的经济型酒店在满足客户"实惠"的需求上没有太大差别时，"干净"就成了一个"硬核"标准，所以汉庭酒店就将顾客尤为在意的"干净"作为自己的品牌定位，下足功夫将"干净放心"的优质服务落到实处，自信满满地提出了一个响亮的口号——"爱干净、住汉庭！"以此吸引顾客、提升入住率并形成了强大的差异化优势。

汉庭酒店虽然没有成为消费者心中"快捷酒店"的代表，却以"干净"这个重要的专长成功占据了消费者心智，极大地彰显了品牌的存在感和吸引力。现在，"干净"二字已然成了汉庭最有价值的品牌资产，因为他们深知，对于那些只求一宿之安的旅行达人们来讲，没有什么比干净更重要了，"干净"的定位，不仅形成了清晰的消费者认知，赢得了最广泛的消费者信任，更是把汉庭酒店带入了强劲发展的"快车道"。

任何一款洗发水的基本功能都是清洁头发，但海飞丝和霸王却没有在清洁头发这个基本功能上死磕，它们都通过对消费者痛点的精准洞察找到了自己独特而强效的专长。头皮屑是一件让人尴尬且烦恼的事情，海飞丝果断卡位在这个痛点上，提出了"海飞丝、去头屑"的定位，通过持续不断强化和放大这一定位的影响力，最终成了人们心目中"去屑当然海飞丝"的首选认知；除了头皮屑，脱发也是让众多消费者非常焦虑的隐痛，所以霸王洗发水专攻"防脱发"，也在洗发水市场抢占了一大片领地。

虽然海飞丝和霸王都不足以成为洗发水这个品类的代表，但它们都以各自的专长成就了自己牢不可破的市场地位。

当然，不是所有的产品专长都可能发展成一个强效的品牌定位，要想从产品中挖掘出一个独特锐利、有攻心力的产品专长，首先要对消费者需求有深邃敏锐的洞察力和感受力，对产品特性有别开生面的创造力，以及对市场发展有精准前瞻的预判能力。

3. 独创资源

第三种是独创资源。孙子兵法有云："先为不可胜，然后待敌之可胜！"除了独创品类或独创特长来形成竞争差异，第三种方式就是独创利器，这里说的利器就是指企业得天独厚的资源、技术等不可替代的核心能力，如可口可乐的配方、茅台的酿酒技术及独特环境、东阿阿胶的配方等都是不可替代的核心能力。

就拿牛奶行业来说，光明乳业的"好牛产好奶"，蒙牛的"来自大草原的好牛奶"，这都是拿资源做背书，他们充分利用了消费者认知经验（消费者习惯性思考和理解问题的方式，但说实话消费者的某些朴素认知未必是科学正确的，但有时候做营销创新适当利用这些往往能够事半功倍，当商业策略与消费者经验不谋而合时，消费需求的引导和培养就变得轻而易举，市场教育成本也会减少很多）。因为在很多消费者头脑中，好牛是健康的，健康的奶牛产出的一定是好的牛奶，同时也有人认为生长在辽阔的大草原的奶牛产出的奶一定是好牛奶，不管是光明宣传的好牛还是蒙牛标榜的好草原，这些要素与牛奶品质有多大关系姑且无论，但架不住很多消费者都觉得"好牛好草原就生产好牛奶"，所以无论是光明还是蒙牛，他们拿这些优良资源做背书，其目的就是为消费者建立产品"好"的标杆，这个标杆当然是"排他而利己"的，事实证明利用这些方法都获得了成功。

仲景牌六味地黄丸就讲"药材好，药才好"，前面的一句是讲原材料，后面的一句是讲品质，前后形成了一种清晰的因果关系，这种因果关系很容易被消费者信奉为一种权威准则和选择标准。我们发现所有拿资源做背书的表述方式，都可以在句型中插入"因为……，所以……"这样的连词，光明的"好牛产好奶"完全可以说成"因为是好牛产的，所以是好牛奶"，蒙牛的"来自大草原的好牛奶"也完全可以说成"因为来自大草原，所以是好牛奶"，由此可见品牌宣传拿资源做背书在很大程度上是一种消费引导的实效手段，旨在为消费者建立一个快速认可并自觉信奉的行为标杆。

我们还可以将某些特殊的生产方式或专利技术作为一种利器加以宣扬，以彰显产品的独一无二，但是有一点需要注意，为了避免对生产方式或专利技术的描述太过复杂难懂，可以给生产方式或专利技术包装一个简单且容易识别的概念，让产品与众不同。比如佳洁士在推出"含氟"防蛀牙膏时，大力声称它们的牙膏"含氟"，而现实世界中很少有人明白"氟"是什么东西，但是很多人都被吸引了，并且愿意相信"氟"是一种"独特而神奇"的好东西。

产品越复杂，越需要用一个独特技术或成分强化其神奇感，并同竞争对手形成区隔。多芬香皂多年来一直是世界香皂领域第一品牌，其最大的特色就在于"含有润肤液"，这让消费者一看就很容易明白它能更好地护理肌肤，并且显得与众不同，至于润肤液究竟是何"法宝"，多芬并没有多做解释，因为消费者常常顾名思义地理解问题，愿意相信"润肤液"是个好东西，它能更好地帮我们滋润肌肤。

有时候，当产品的实际功效与竞争对手很难形成差异时，就要想办法让消费者相信你是有"独门暗器"的。一种独特的技术传统也可以作为利器，被塑造成品牌的强大竞争力。如果一个东西是百年传承的老手艺做成的，人们就愿意相信它是独特、优质且值钱的，比方说日本的味千拉面，提出一个定位口号"大骨熬汤 50 年"，这句话给人的感觉就是味千拉面有悠久的历史，一般有深厚历史感的技术传统总是会让人产生信任感和敬畏感，一种好的传统能够持之以恒 50 年本身就是一个了不起的传奇，再加上"大骨熬汤"是一种高度视觉化的概念表述，沸腾的汤锅、满含胶原蛋白的大骨头、奶白的汤汁、浓郁的香味……头脑中的画面瞬间幻化成醇香美味、令人垂涎、有独特历史感和稀缺价值的美食，消费者不由自主地在想象中将对品牌的好奇心和信任感无限拉高，而能够激发这种想象的法宝便是独创资源。

4．独创人群

第四种是独创人群。事专则强，世人都愿意相信某些针对特定人群的专科医生医技更高，如妇产科、男科、小儿科等，难道男科医生就不能医治小儿感冒吗？并不一定，只是大众有"专业的人做专业的事"的认知习惯，品牌定位也是如此，如果有些产品反复强调针对某种细分人群，大家就愿意相信它在针对这类特定人群方面一定是专业且优质的，就像有首歌里唱着"特别的爱给特别的你"一样。

希岸酒店是国内首家拥有女性客房专区的中端连锁酒店，将自己定位成最宠爱女性住客的酒店，有专属女性顾客的客房区域，一切皆从女性视角和需求出发，在设计风格、私密性、安全感和舒适感的打造上不遗余力，如家具的选择、材质和色彩的运用，包括灯光氛围的营造等都极为考究和人性化。为了让客人有最佳入住体验，使用最符合女性人体工学的 3D 柔抱床，房间配备 360 度无死角的 LED 梳妆台、跨界品牌免费体验产品包，甚至还为女性客人专门开辟了高跟鞋通道优先服务……正是这些暖心的细节赢得众多女性客人的好评和信赖，也成为希岸酒店回头客源源不断的重要原因，希岸酒店也因此成为"最适合女神入住的酒店"（当然也不排除男性顾客），只是通过强化"专为女性提供专业服务"这一特色，形成了清晰独特的品牌定位，一下子就将希岸酒店与同行区隔开来，形成了自己的竞争优势。

这就是我们所说的"独创人群"。广西柳州的"花红药业"更是成功运用这一战略的典范。看企业名字便知道该公司是定位女性健康医护产品的医药公司，以一个专门解决女性妇科炎症的拳头产品——花红片,奠定了中国妇科炎症用药的领导品牌地位。"花红生南国,红透半边天"就是花红药业精准定位于女性人群、取得辉煌成就的生动写照。

宝洁公司曾经推出一款火遍全国的产品——玉兰油多效修护霜,从使用功效上看其实际适用人群年龄跨度下至 25 岁上可以不封顶,但是营销传播时将品牌定位为"25 岁之选"。虽然讲的是 25 岁之选,但真正敲打的却是那些年龄已过 25 岁的爱美女性。道理很简单,女人 25 岁本是花期正盛、青春美丽的大好年华,这个时候就提出一个"25 岁之选",让那些担心皮肤老化、青春早逝的女性产生危机感和恐慌感,提醒她们 25 岁就该保养肌肤了,这让那些已过或早过 25 岁的女性情何以堪?

玉兰油多效修护霜"25 岁之选"刚一上市就引起女性消费者们的特别关注和大力追捧,无论是线上还是线下的销售业绩都一路飘红,但在意料之外却又在情理之中的一个现象是,那些真正为"25 岁之选"多效修护霜买单的女性消费者绝大多数已超过 25 岁。

为什么会出现这种情况,之前我们提到过"专属性认定"的心理学规律,如果信誓旦旦、一口咬定某个产品就是专门针对某类人群来做的,人们就愿意相信它是专业的,我们把这种现象称为"专属性认定"。

美国石臂专注于生产 8～12 周岁孩子所需要的能搭配乐高玩具的个性化武器,通过"聚小众为大众",迅速成长为行业标杆企业;新加坡航空公司将自己服务的对象定位在高端商务人群上,致力于打造五星级航空公司,盈利能力在亚洲名列前茅,甚至超过了美国的西南航空公司;百事可乐的定位"新一代的选择"也是独创人群这一手法的经典妙用,百事可乐通过提出自己是"新一代的选择",暗示了它的竞争对手是老化而落伍的,针对人们"喜新厌旧"的心理,一下子从可乐市场分割了大量份额,这种定位的好处就是更容易让人相信产品是专业、专精和专门定制的,因为人们都有"定制即优质"的习惯性认知。

然而,从产业发展的角度来讲,并非任何特定细分人群的定位都能获得预期的成果,要想通过"独创人群"找到有爆发力的品牌定位,几个要领务必掌握:首先必须是消费者有一定熟识度的品类方可运用此法;其次必须保证产品利益是针对一种现实的刚需;最关键的是所定位的人群基数应足够大,大到可以重构市场。

5. 独创优势

第五种是独创优势。很多人一提到创可贴就会想到某国际品牌,因为该品牌在相当长的一段时间里几乎成了创可贴产品的代名词。

云南白药也推出了云南白药创可贴，这意味着它与行业第一品牌在中国市场的对决将不可避免，云南白药创可贴将如何应对并战而胜之呢？

谋划竞争战略的第一个基本功课就是"审时度势、知己知彼"，云南白药的决策层通过对整个行业市场发展的态势、竞争格局及自身条件进行分析研判，最终找到一种品牌自信。云南白药一直都是中国人非常认可的止血药，在对手产品进入中国市场之前，中国人认定的止血产品就是云南白药药粉，其止血愈创功效一直深受好评，这些都是云南白药非常宝贵的品牌资产。

再看对手的创可贴产品，严格来讲只是一种弹性布料与橡皮膏胶粘剂的组合，对轻微创伤具有快速止血的应急小胶布，这是对手留给消费者的基本印象。云南白药就是从这一点上捕捉到机会：既然对手只是一块无药的胶布，云南白药如果在这块胶布上加点白药会不会更好呢？因为大家通常认为"有药的东西效果会更好"，所以云南白药创可贴的定位呼之欲出——"有药的创可贴"，并由此发散出一个极具说服力的传播口号"云南白药创可贴，有药好得更快些！"

这样的定位一经推出，就展现出强悍的市场攻坚能力，至少体现在四个方面：①暗藏杀机，表面宣称云南白药创可贴是有药的，实则暗示对手的不足；②重建产品品质标准——有药的创可贴比没药的创可贴更管用；③重新解构行业格局，创可贴行业从此被划分为两大阵营，有药的创可贴和没药的创可贴；④云南白药成了新阵营里（有药创可贴）的"带头大哥"，具备了正面对决行业巨头的实力和比较性优势。

后来的实践充分证明，这个定位真的具有化腐朽为神奇的作用，云南白药创可贴不仅成功地将创可贴产品分化为有药和无药两大阵营，而且在有药创可贴市场占据了半壁江山，不到几年时间，云南白药创可贴与主要对手的市场占比由最初的1∶10迅速拉升为1∶3，之后也一直保持快速的增长态势，现在的云南白药创可贴与过去的行业巨头完全形成了双雄并立、平分秋色的竞争格局。

从竞争对手的软肋入手，通过避实击虚创造优势，五谷道场曾经也是此中好手。当年，在中国的泡面市场被行业巨头们分割得所剩无几的情况下，五谷道场以"非油炸，更健康"的定位一举撕裂了巨头垄断的铁幕，改写了方便面行业的格局，从此市场分出油炸方便面和非油炸方便面，五谷道场作为非油炸方便面的开创者，硬生生地从原来的行业巨头那里抢占了大片市场，成了风头直逼行业巨头的市场新贵。

五谷道场这一定位传播的成功，在很大程度上得益于一个重要的民意基础，随着泡面市场不断成熟，方便面行业也慢慢给消费者留下了"油炸的食品不健康"的印象，五谷道场正好借助这样的民意基础推出了"非油炸,更健康"的方便面,这就像一股市场的清流给过去那些对油炸方便面心有不满却又没有更多选择的消费者带来一丝慰藉和希望,这种"顺乎民意"的举措必然会得到广大消费者的认可和热情追捧。

这种认知的产生就是拜其竞争对手所赐,假如之前市场上根本就没有油炸方便面,消费者"油炸方便面不健康"的认知也就无从谈起,没有这样的认知基础,五谷道场如果贸然宣称"非油炸,更健康",还会有登高一呼、应者云集的壮观景象吗?

由此可见,有些品牌定位的成功就是基于与竞争对手的"错位胜出",所谓"错位胜出"就是不要与强敌在同一个优势上争高下,如果对手在某些方面已经拥有某种广为人知的优势,我们就不应该在这种已形成的优势上与其争锋,即使我们实际上更胜一筹,但市场已经有了一个大家都认为很好的东西,消费者就不太会对另一个"更好"的东西感兴趣,消费者只会对"好得不一样"的东西感兴趣,因此我们一定要站在强敌优势的另一面(反面或侧面)看问题,寻找在对手这种光鲜强大的外表下还隐藏着哪些致命短板或"难言之隐",并且这种短板或"难言之隐"有可能是消费者非常介意的痛点,这时我们只需要找到解决这个潜在痛点的办法,就能形成一个强劲的卖点和品牌定位。

由此可见,要玩好"独创优势"的定位技巧,务必遵循"逆取反制、顺势补缺"的策略原则。所谓"逆取反制"就是要善于站在竞争对手已有优势的对立面反向洞察其产品缺失,并将这些"缺失"转化为反制对手、吸引顾客的新机会。"丈八烛台灯下黑",越是貌似光鲜强大的事物背后越会存在不可见光和不宜示人的东西,而这些"不可见光"和"不宜示人"之处大多是消费者深为关切的痛点,找到这些痛点,就意味着抓住了对手的软肋和大众潜在需求,这就是所谓的"逆取反制";"顺势补缺"则是要确保我们从竞争对手的缺失中发掘的潜在需求正是消费者所在意的,以及我们为弥补对手在市场中的缺失所采取的"补缺"或"纠错"手段,正好与大众的期待不谋而合,然后借力打力、顺势而为。只要掌握"逆取反制"和"顺势补缺"这两大要领并处理好两者之间的关系,我们就能将竞争对手软肋反转成我方优势,在精准打击对手的同时又能创造新的消费需求和市场热潮,最终逆势而起。

反者道之动。创造优势这一策略的成功运用,需要我们有辩证思维和敏锐的商业洞察力,企业家和营销人不能被常识绑架,须知变化是世界的常态,要善于用多维的视角看世界,既能从司空见惯的现象中看到事物发展的规律,更能从问题的侧面和反面察觉那些不同寻常的异动;既能从看似静止孤立的事物间看到千丝万缕的关联,更能从"恒定不变"的势态中看到千变万化的可能性,最终从变化中捕捉机会、开创胜局。

6. 独创形式

第六种是独创形式。除了之前提及的五种策略，还有一种便是独创形式。独创形式就是将有记忆点的产品形态或全新的产品消费方式与消费体验作为定位的基础，并形成差异化优势。

奥利奥饼干的电视广告想必很多人都看过，奥利奥针对儿童顽皮好动的特点，以及对儿童行为的关键洞察，设计了一段广为人知的经典台词——"扭一扭，舔一舔，泡一泡，只有奥利奥"，这里没有对奥利奥饼干特点的任何描述，只有一种"好吃又好玩"的全新吃法的演示，广告播出之后吸引了无数人买奥利奥饼干试吃，尤其是牛奶与饼干的搭配吃法便是始于奥利奥，这就是独创形式。

为什么奥利奥的独特吃法能够引发如此大的影响和跟风？尤其是对那些顽皮好动的孩子们，奥利奥饼干倡导的吃法简直就是对他们多动搞怪行为的有力声援与最大迎合，"扭一扭，舔一舔，泡一泡"原本就是那些顽皮好动的孩子们吃饼干的习惯性动作，奥利奥基于这样的洞察，明确提出了"扭一扭，舔一舔，泡一泡"的新吃法，充分肯定和鼓励孩子们对待饼干的"率真任性"，让他们可以更加肆无忌惮地用自己喜欢的任何方式吃奥利奥饼干……这种投其所好的主张自然得到孩子们的欢迎与积极响应，奥利奥饼干在消费者心中扎根也就是情理之中的事情了。

感冒药是消费者日常生活中最常规的药物品类之一，该领域的市场竞争激烈程度自不待言，各个品牌的定位各有侧重，康泰克以缓释技术见长，所以突出长效（12 小时持续有效）定位，泰诺则定位为速效——30 分钟见效，这两个外资品牌用"一长一快"统领了感冒药市场，这给后来进入市场的品牌设置了两大重要门槛，因为消费者通常认为好的感冒药就看两点，非快即长。东盛制药也推出了感冒药品牌，就是我们熟知的白加黑，想要成功进入消费者心智，就得别出心裁找定位，白加黑从服用方式入手，按不同时间段服用不同药片凸显不同效果，"白天吃白片，不瞌睡；晚上吃黑片，睡得香"，这种定位表述让消费者觉得白加黑感冒药针对性更强，效果一定会更好。同时，白加黑的概念新鲜、引人瞩目，很快就在市场占据一席之地，白加黑也因此快速成长并在短时间内跃入感冒药品牌的第一阵营。

独创形式的定位技巧，比较适合工业性产品、日用消费品及服务性行业，在效率至上和娱乐化的时代，除了更为完善的功能与品质，为用户创造一种更加简单、方便、自由和有趣的消费方式将是品牌提高认同感与获客力的有效手段之一。

有效定位的六大原则

掌握并充分领悟了以上"六创定位法",只要你所从事的是一个有生命力和发展前景的行业,只要你兜售的是对得起良心的产品或服务,只要这些产品没有显而易见的硬伤和瑕疵,都有可能从上述 6 个维度找到切实可行的品牌定位。但是,要确保你所开发的定位有实效且具有很大的影响力,必须符合以下六个评估准则(见图 4-2)。

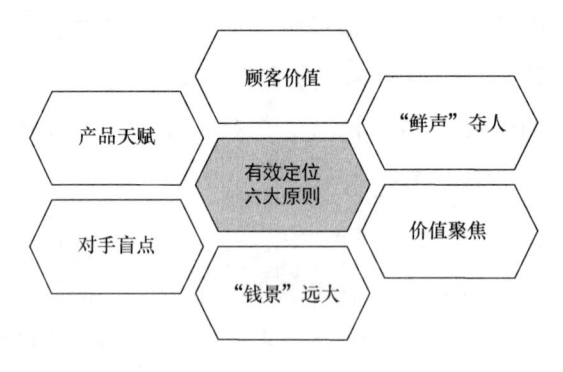

图 4-2　有效定位六大原则

第一是顾客价值。品牌定位的根本目的就是创造一个让顾客"有事就找我"的理由。"大件快递发德邦!"就是一个比较有料且有效的品牌定位,凡有大件快递,就找德邦!简单明了、直击需求。定位强调的事情一定是顾客特别在意的甚至是当务之急,因此一定要展现产品给顾客带来的好处和利益,用户对一台钻孔机并不感兴趣,他们真正需要的是 4 毫米的钻孔,决不能为了单纯的差异化而提出一堆"奇特"却无关消费者痛痒的虚言浮辞,必须要确保定位所宣扬和承诺的东西是顾客真正需要和深为关切的,否则就失去了价值依托,最终的结果只会是空言无感而遭人唾弃!

第二是产品天赋。定位所承诺的内容必须是产品与生俱来、客观存在的特质,正如我们常说的"秋北京""夜上海""雾重庆""雨桂林"那样,决不能无中生有,做欺人之谈,而且我们这里所说的产品天赋不单要强调产品特质和价值的真实性,还必须具备稀缺性和独占性，因为产品天赋只有具备了适度的稀缺性和独占性，才有不可替代的竞争力和迅速抢占消费者心智及市场制高点的可能性。

第三是对手盲点。品牌的定位必须是竞争对手或同行从来没有提到的，但这里有两个现象必须说明，要么我们的品牌提出的卖点是独家拥有的，要么同行也具有类似卖点，但消费者却不知晓，在这种情况下，只要我们抢先讲出来，消费者就会认为"只有你才有，别人都没有"，这在传播心理学上称为"先讲先赢"，意思就是某人具有某种殊为罕见的神奇能力，但这种能力普天之下并非他一人独有，也有另外少数人拥有，只是普罗大众皆不知晓，在这种情况下只要他抢先展示出来，人们在惊叹之余往往会形成一种"普天之下唯此一人"的排他性认知。因此，品牌定位一定要"讲对手所没讲，做对手所不及"，才能先声夺人、先机独占！

第四是"钱景"远大。任何一个实效品牌定位的提出都必须建立在有大量需求的基础上，必须能成为一个有持久"圈钱力"的消费卖点（现金流在这个卖点上能够丰沛不息地流动至少十年），那么这样的定位就算得上"钱景"远大，故而在确立品牌定位时，对未来十年内行业发展趋势和市场变化应有充分的预估、对新的品牌定位在未来发展过程中与市场需求的契合度应有前瞻的预计，品牌定位一旦确立就成为营销战略的定海神针，需要初心不改、持之以恒地践行方能见效，所以谋求一个坚实长效的品牌定位，不仅要有总览全局的战略思维，更需要有前瞻未来的战略远见和久久为功的战略定力！

第五是价值聚焦。价值聚焦的重要性无论怎样强调都不过分，无论品牌有多少优点，价值输出时都只能聚焦一处，以一点攻心方能深入人心。说到价值聚焦，道理人人都懂，但要做到却十分不易，因为"聚焦"就意味着取舍和放弃，意味着无法兼顾，意味着与"贪多求全"的人性背道而驰。一些企业家对自己的产品多有"溺爱症"，都觉得自己的产品像自己的孩子一样哪里都好，总希望把这些好处尽可能多地告知世人，在推广产品时力求"知无不言、言无不尽"，但是从消费者吸收传播的角度讲，品牌信息如果不能简明扼要地聚焦在一点，要想让一个具有多样性特征的事物快速深入人心，比登天还难。

发源于重庆、起步于河南的巴奴毛肚火锅，创业初期强调自己的火锅是"本色本味"。什么叫"本色本味"，这种空泛无物、语焉不详的文字游戏让人费解，经过一段时间的运营后，巴奴才意识到"服务根本不可能成为巴奴的特色和优势"，因为讲服务根本就不是海底捞的对手，海底捞早已被消费者贴上了服务好的标签，所以巴奴最后还是从最有特色和竞争力的毛肚与菌汤入手，找到了差异化胜出的法门，彻底地扭亏为赢，后来再度缩小范围，舍弃菌汤，进一步聚焦到毛肚上，甚至直接将品牌名称改为"巴奴毛肚火锅"，形成清晰的毛肚火锅品类识别，盈利能力再度飙升。

特劳特在其定位理论中有这样的论述："品牌保持较为狭窄的聚焦才有出头之日。"他之所以反复强调聚焦的重要性，是因为他深谙信息传播"一根针刺破天"的重要规律，从一个敏锐精细的端口切入更容易触达人心，这就是企业挖掘有效定位所要保持的正确执念。

"少则得、多则惑。"人们可以在多条战线发起战争，但是永远不可能同时赢得这些战争。某国产手机经常强调"三大优势七大卖点"，最终被消费者漠视乃至遗忘。将定位聚焦为一点就是收缩功能圈，让自己更专业、专注和专精。今天，产品质量和企业规模已经不是占据市场、征服消费者的最有效办法，但如果一个品牌能深入扎根在一个特定领域用心经营，一样会有出头之日。

第六是"鲜声"夺人。一个实效强劲的品牌定位除了足够精准锐利，能够直达人心，还必须足够精彩动人、自带传播势能，因此，找到了定位，并不意味着做完了功课，更为重要的是需要用一种有洞察、有创意、有新鲜感的方式将它表达出来。

"桂林山水甲天下。"这是老祖宗留给桂林的宝贵的文化遗产，也是中国旅游业"最值钱的一句话"，桂林就是因为这句话得以享誉全球，每年7000多万名游客从世界各地蜂拥而来，为桂林带来综合产值数百亿元。透过这句话可以看出，桂林旅游品牌的定位关键词就是"山水"两个字，要简单直接地呼吁人们前来桂林看山水，相信真正在意并积极响应的人不会太多，但是当把"山水"这个定位修饰成"桂林山水甲天下"时，语妙天下、鼓舞人心的力量就展现出来了，人们马上在头脑中构画一幅秀甲天下的山水图景，向往之情油然而生！

鼓天下之动者，存乎辞！语言是一种最易抵达人心的关键力量。品牌定位的精彩表达不仅是品牌形象走进人心的推送器，也是品牌传播的创意轴心和策略引领。定位传播概念是否精彩鲜活、易感易传主要看三点：一看顾客认不认；二看大众传不传；三看范围广不广。只有做到这三点，品牌定位才能担起感召大众、创导消费、传播品牌、行销产品的使命！

品牌定位必须恪守的四种精神

不怕事不成，就怕道不立。成功的定位不仅是要找到一个新的角度，发现一条新的路径，开辟一片新的疆域，更是品牌与这个世界及广大消费者达成的某种契约。是契约就必须是双方共同确认的价值承诺和认知共识，如果消费者不理解或不认同品牌定位所倡导的价值观，或者消费者缺乏以信任为基础的认知共识，这种单边主义一厢情愿的定位承诺必将受到消费者的抵制和无视。所以真正找到一个行之有效的品牌定位，除了需要专业的方法和足够的信义，还需要四种精神。

一是共识精神，必须确保企业创立的品牌定位扎根于最深的现实里，能与消费者达成广泛共识，并且可操作和可兑现。

二是钉子精神，定位一旦确立就要像精细锐利的钉子深入扎根贯彻到底，绝不轻言改变。

三是极客精神，这是企业信守承诺必须具备的良知与责任感，遵循品牌定位所承诺的产品价值和服务标准，精益求精地创新、打磨和完善产品，尽其所能做到极致。

四是原创精神，确保品牌定位主张独树一帜、令人耳目一新，这样才能保证品牌在同质化、高烈度的竞争中脱颖而出、一骑绝尘！

定位，是一种可操作的共识，既是品牌给消费者的美好承诺，更是品牌与消费者预约未来的行动信号，用足心力为品牌发掘一个独特强效的品牌定位，是每家企业赢在未来必须做好的战略功课！

本章内容要点温习

1. 什么是品牌定位？
2. 品牌六创定位法包含哪六种方法？
3. 有效定位有哪六大原则？

05 第 5 章 演绎传奇

山不在高,有仙则名。水不在深,有龙则灵。

一碗蛋炒饭为何能卖到 5000 港元

相信很多人都听说过香港有位大厨的蛋炒饭可以卖到 5000 港元的"天价",没错,这位大厨就是戴龙。戴龙被誉为"香港四大名厨"之一,他不仅是电影《食神》中"戴龙"一角的原型,而且亲自出演了这一角色。

戴龙是烹饪界的超级匠人,也是一个十分爱惜羽毛的人,他对自己料理的每一道菜品的品质都极为认真,不允许自己有任何怠慢和不敬,包括一碗蛋炒饭。他不喜欢别人将他炒的饭简单地称为蛋炒饭,因此专门为之取了一个风雅的名字——黯然销魂饭。

传说中的黯然销魂饭为什么能卖到 5000 港元?前面我们说过,黯然销魂饭实质上只是一碗蛋炒饭,所以故事就得先从"蛋""炒""饭"三个字说起。

据说,黯然销魂饭的每一样食材都是精挑细选的,大米选择的是泰国进口大米,淘洗时须用法国矿泉水,保证米粒的绝对干净,事先用蒸笼蒸熟,然后摊凉、风干至少 3 小时,使其保持一定的硬度,这样的米粒炒出的饭口感更好;所用鸡蛋必须是当天 3 小时内产下的健康小粒土鸡蛋,在打鸡蛋的环节,戴龙的做法是先在鸡蛋里加入盐、油、胡椒粉,然后搅拌均匀静置半小时以上,再倒入锅中进行翻炒。最关键的是,戴龙在炒饭时独特的手法,以及对火候妙到毫巅的拿捏,不用太多调料,炒饭就能粒粒分明颗颗香糯,每一粒米饭都在锅中跳舞。当米饭和鸡蛋混炒完毕后,再加入酿了 400 多天的秘制酱油、上好的血燕、手剥虾仁,翻炒起锅,最后在上面铺上一层鱼子酱。

这样的炒饭吃到嘴里,口腔能感受到咸鲜香甜的味觉转换,令人销魂而忘情,据说有位当红主持人在品尝黯然销魂饭时,吃相很是豪放,嘴角残留的饭粒久久不肯拭去。

专业和用心也是黯然销魂饭价值重要的加分项,对厨艺十分在行的某明星尝过之后评价道:"吃起来很有层次感,常见的蛋炒饭里免不了有软的、硬的和粘连一起的,而戴龙的蛋炒饭是一粒一粒的,油虽不多,但每一粒看上去都是亮的……真的是很用心的蛋炒饭。"

黯然销魂饭最高的附加值应该是戴龙拥有常人所不具备的傲人经历和高光用户的背书。戴龙曾经担任过 1997 年香港回归庆祝晚宴的主厨，国家领导人也品尝过他的菜肴，他的一碗蛋炒饭还收获了一大批明星粉丝。

当然，稀缺感也是不可或缺的价值塑造秘诀。据说戴龙的黯然销魂饭每年最多做 20 份，也就是说，每年能吃上这碗令人销魂的炒饭者，不过 20 人，什么样的人会有机缘和口福呢？自己是否能成为这样的幸运者呢？稀缺感中衍生的消费荣耀感，又成了黯然销魂饭价值加码的因素之一。

一碗原本家常之极、用来充饥果腹的蛋炒饭，在层层价值加码中变成"天价"的消费品，而成就这种高附加值的，除了非同寻常的产品内容、非同寻常的料理方式、非同寻常的关键人物、非同寻常的品质，以及非同寻常的消费体验等非常要素，最根本的是这些非常要素已然被包装演绎成了一个非常有噱头的传奇故事，换句话说，黯然销魂饭能够卖出"天价"，全拜故事营销所赐。

故事营销是内容营销的范畴，英文中有一个词叫 storytelling，译成中文就是讲故事。内容营销的本质，就是把自己的故事用别人喜闻乐见的方式表达出来，激发受众的阅读兴趣，这是搭建品牌和客户之间桥梁的关键。

时来运转靠故事

J.K.罗琳于1965年出生在英国一个普通的家庭，过着很普通的童年，有着很普通的容貌，唯一不太普通的大概就是她从小喜欢写作，常常给小伙伴们讲自己编的童话故事，长大后她考进了英国埃克赛特大学主修法语和古典文学。

毕业之后，罗琳开始构思自己的《哈利·波特》系列作品，但书还没开始写，她的人生就屡遭打击：母亲的去世让她伤心欲绝，因为与父亲不和她远走葡萄牙。

但罗琳并没有在葡萄牙获得幸福。罗琳在和第一任丈夫"闪婚"后没几年就分道扬镳，在带着年幼的女儿回到英国时举目无亲、一贫如洗。那时，她们住在一个连暖气都没有的小公寓里，罗琳天天为付不起的账单发愁，抑郁到几乎自杀，但因为女儿，她决定活下去。

1994年开始，罗琳拿着政府每周103美元的补助金，一边艰难地抚养女儿，一边开始了《哈利·波特》系列作品的创作，可好不容易完成了第一本手稿，却连续被12家出版社退稿。

后来，终于有一家出版社"收留"了《哈利·波特》，但先期稿费只有可怜的1500英镑，幸好苏格兰艺术协会赏识罗琳的故事叙述才能，从基金会里拨了8000英镑资助她继续创作。

罗琳经常带女儿到一家平民咖啡馆写书，因为这里暖和、孩子睡得快。现在这家咖啡馆已成为观光景点，罗琳曾经用过桌椅都被专门标识出来。

在经历了一段"饿其体肤、苦其心志"的至暗岁月后，罗琳终于在1998年时来运转，她的处女作的版权在美国被拍卖到10万美元，这对当时"吃低保"的罗琳来说简直像中了六合彩，她说自己激动得差点昏过去。

拿到了"第一桶金"的罗琳更加"奋笔疾书"、一发不可收拾，几乎以一年一本的速度出版着《哈利·波特》系列作品，打造了属于自己写作生涯的黄金十年。

2009年，罗琳以10亿美元的身价登上了福布斯全球富豪排行榜，她创作的《哈利·波特》系列作品一经出版便在全球热卖，被翻译成70多种语言，在200多个国家的总销量达4亿多册，赚得的稿费超过10亿美元，这也让罗琳的身价超过了英国女王，而且罗琳的这10亿美元收入基本都来自图书，因为她很早就把《哈利·波特》的电影版权卖给了华纳，慧眼独具的华纳当时只花了100万美元的版权费，但将其作品翻拍成电影后赚了近100亿美元。

到目前为止，《哈利·波特》已经成长为近20年来全球最大的IP之一，正如《福布斯》杂志所言，《哈利·波特》真的有魔法，它就是罗琳和华纳的印钞机，而这一切，都不过是因为一个少年魔法师成长的故事而已。

罗琳不仅靠炮制故事、贩卖故事实现了人生的逆袭，而且让自己的人生也变成了励志故事，这样的故事又转化成新的财富金矿，不断支撑着罗琳走向新的巅峰。

故事是最好的大脑体操

为什么小孩子在听妈妈讲故事时都很专注和安静？为什么人们在酒桌上喜欢讲述或听人"说段子"？为什么人们都喜欢看电影、追剧？为什么在娱乐贫乏的时代，人们最爱听评书和相声？为什么好莱坞上座率最高的影片都有一个好故事？因为故事消费是一种客观存在的需求，人们的大脑总是喜欢一切有情节的东西、喜欢听故事！

《故事经济学》的作者罗伯特·麦基认为，故事之所以吸引和打动人，是由人们长期进化的机制决定的，而不是讲故事的人的技巧多么高明。故事起源于人类的两次觉醒，第一次在大约300万年前，人们生活的环境出现了剧烈的变化，中枢神经系统以飞快的速度生长，简单来说就是人类开始"长脑子"了，随着人类的脑细胞越来越多和脑神经越来越发达，人类开始能够从外部世界与自身相互依存的关系中发现规律、总结经验，并将这些规律和经验以故事的方式传承下去。

人类的第一个故事产生在洞穴内的篝火旁。人类的祖先围着篝火、吃着食物、跳着舞蹈、哼着不靠谱的小调，同时听着部落首领以故事的方式传授知识和经验。在不断进化的过程中，人类就这样不断将现实经验转化为故事传之后世，这就是为什么在很多古老的庙宇和金字塔的墙壁或石碑上，随处可见古老文明被镌刻成神话和传说的原因，这些都说明人类思维结构的形成与完善正是从故事开始的。

正如莎士比亚所言，故事不仅推进了文明的发展，还给世界立了一面镜子。《邹忌讽齐王纳谏》这篇文章想必很多人都读过，讲述了战国时期齐国谋士邹忌劝说君王纳谏，使其广开言路、改良政治的故事。

话说邹忌身高八尺有余，容貌俊伟、玉树临风，用今天的话说是个超级大帅哥。有一天早晨，邹忌站在衣帽镜前颇为自负地问妻子："我与城北的徐公相比，谁更帅？"

妻子赶紧说："当然是您更帅啦，徐公怎么能跟您比呢！"

城北徐公是齐国民众公认的帅哥，邹忌不相信自己能比徐公帅，又分别向自己的小妾和前来拜访的朋友问了同样的问题，小妾和客人都答复邹忌更帅。

直到有一天传说中的徐公来访，面对真实的徐公，邹忌发现自己的"颜值"在徐公面前"被碾压成渣"，这才恍然大悟，原来妻子说自己帅是因为偏爱自己，小妾说自己帅是因为惧怕自己，客人说自己帅是因为有求于自己。

于是邹忌将此事讲给了齐威王，同时借机劝谏："我妻子、小妾和朋友都夸我比徐公帅，是因为他们或爱我、或惧我或有求于我。如今齐国沃野上千里、城池百余座，宫中姬妾和身边近臣，没有不偏爱大王的；朝中大臣，没有不惧怕大王的；全国百姓，没有不崇敬大王的，可见，大王平时向他们了解情况时一定会受很多的蒙蔽。"

齐威王听后频频点头，赶紧下了一道旨令：所有的大臣、官吏、百姓，能够当面直陈君王过错的，统统有赏。

于是所有大臣都来进言，宫门庭院就像集市一样喧闹；几个月以后，偶尔还有人进言；一年以后，即使想进言，也没什么可说的了。

齐威王因为广纳谏言、从善如流，不断匡正国策、励精图治，使齐国迅速走向兴旺和强盛，燕、赵、韩、魏等国也纷纷派使节来齐国，齐威王真正做到了不战而威服四夷。

由此可见，世人大多爱听故事不爱说道理，连君王也不例外，因为那些伟大的故事总能以慰藉人心的方式教化人和感染人，指引人们抵达未来。由此可见，故事是沟通传道最基本也是最重要的手段，没有之一！

在我们不谙世事的年纪，我们对这个世界的认知也是从故事开始的。人类文明本质上也是由许许多多故事组成的，历史有故事，宗教有故事，物理学有故事，我们每个人也有自己的故事。人们从虚构开始，再通过虚构的故事把握真实的世界，故事叙述逐步变成一种能影响他人、解决问题的关键技能。

从心理学的角度来说，人类不容易理解事实，更容易理解故事。人类主要靠各种故事和叙事架构来理解、回忆和规划自己的生活，一大串事实的影响力远比不上一则简单、动听的故事。

例如，这里有两份宣传材料请你捐款，你更倾向于哪个？第一份列出非洲某国受灾事实的统计数字，第二份则讲述一个9岁的男孩尾随中国维和士兵，只为喝口水的辛酸故事，相信更多人会选择为后者捐款，因为前者罗列的是冰冷的事实，而后者则在讲述一个触动心灵的故事。

从商业战略的角度讲，故事更是一种强劲高效的营销手段，凡是成功的企业都很擅长讲故事，他们懂得如何把品牌的历史、品质和精神转化为故事传达给消费者，并借助故事所蕴含的情感和价值观对消费者造成潜移默化的影响。一个好故事胜过千言万语，能让企业在营销传播中事半功倍，一个好企业首先必须懂得讲一个好故事，好故事是最重要的商业资产之一。

美国剧作家罗伯特·麦基说过："一场伟大的商业战略就是一个等待发生的故事！"

品牌故事的四大功能

后广告时代的消费者对于传统传播方式的反感和厌恶情绪与日俱增，比起夸大其词和虚假承诺的广告，他们更愿意听故事，因此企业在商业宣传和品牌营销上必须进行彻底的革新，尽量将故事感染人心的力量融入市场广告、销售和服务中，很快你就会发现，最省钱、最实效的营销，就是讲好品牌故事。好的品牌故事具有以下四大功能：①创造新需求；②创造高溢价；③创造信任感；④创造吸引力（见图5-1）。

新需求 ＋ 高溢价 ＋ 信任感 ＋ 吸引力

图 5-1　品牌故事的四大功能

1. 好故事能够创造新需求

一颗发光的矿石，本来只是贵妇人的装饰品，当它承载着一个好故事时，就变成了象征真爱的奢侈品，我们来看看戴比尔斯是如何巧用故事点石成金的。

"钻石恒久远，一颗永流传。"大家应该都听说过这句有关钻石的经典广告语。钻石实际上就是一种金刚石，构成元素与石墨完全一样，是在地表深处，因为高压和高温的淬炼形成的一种由碳元素组成的单质晶体，说白了就是一种晶莹剔透能够闪光的石头，那么就这样一块闪光的石头怎么就成为了爱情的象征呢？

这得从美国"大萧条"时期说起，1929年美国与世界经济的严重不平衡，导致美国股市暴跌，发生了资本主义历史上的一次经济危机，直至1939年依然未见好转，当时世界上最大的钻石生产商——戴比尔斯，不得不做出削减90%的产量的决定，同时为了打开市场，扩大世界钻石需求，提出了一句深受全球消费者认同的广告语"A diamond is forever

（钻石恒久远，一颗永流传）"，这句广告语不仅打动了全世界的消费者，也开启了钻石消费的新风尚。

最为关键的是，戴比尔斯讲了一个非常美好的故事，让钻石成了"情比金坚"的象征。

契机来自1945年的奥斯卡颁奖典礼，获得当晚最佳女主角奖的是在《欲海情魔》里有着出色表演的琼·克劳馥。戴比尔斯是这次活动的赞助商之一，当公司老板哈里将精心挑选的钻石产品送到当晚的最佳女主角奖得主手中时，琼·克劳馥看到这条镶有24克拉钻石的项链惊呼："真是太漂亮了，它有什么特别的意义吗？"

哈里微笑地说："钻石有坚硬、亘古不变的品质，即使代代相传下去，它依然会保持今天的美艳夺目的光彩！"

哈里对自己所做的解释感觉良好，本以为琼·克劳馥会很开心地接下奖品，但令所有人意外的是，她突然失去了笑容，变得伤感起来："要是一个人能有像钻石一样的爱情，那该多好啊！"

琼·克劳馥之前的生活不太幸运，16岁时她已经认识了3个父亲，自己的婚姻生活也总是难以维持，先后与两个男人结合而后分离，她孜孜不倦地追求永恒的爱情，却始终不能如愿，因此有感而发"想要钻石般的爱情"的愿望。

哈里敏锐地从琼·克劳馥身上找到了适合表现产品特性的故事主题——永恒的爱情。因为钻石坚硬且稳定，是目前地球上所发现的物质中硬度最高的一种，任何环境与物质也不会对它造成丝毫影响，更不会因时间的流转而变质，这些特质与人们所渴望的美好爱情何其相似——坚定、稳固、恒久，始终鲜艳夺目且不改本色！

在充满不确定的时代，人们大多是缺乏安全感的，尤其对于充满变数的婚姻，人们往往抱持着既期待又怕受伤害的心态，人们需要借助某种外物作为参照，来慰藉内心的惶恐和不安，戴比尔斯基于对大众渴望稳定婚姻与永恒真爱的洞察，将钻石的投资属性隐藏在情感需求之下，切中结婚和恋爱等场景，发掘了戴比尔斯钻戒营销故事的核心：沧海桑田，斗转星移，世上并没有永恒的东西，唯有钻石——"The diamond is forever"，也只有钻石才能见证永恒的爱情。钻石是表达爱情的美好寄托，如果希望他永远爱你，就让他送你永恒的钻石。

经过这样的概念赋能和故事包装，戴比尔斯在全球30多个国家，以20多种语言，为渴望获得永恒爱情的人演绎了一个个有着感人情节和完美结局的爱情故事，以此影响世人并一举改变了人们的婚恋习俗，将钻石变成了表达美好爱情的象征物品。

当钻石与爱情绑定在一起时，奇迹就发生了，消费的潜力以惊人的速度被激发出来。20世纪60年代，80%的美国人订婚开始选择钻戒作为信物。20世纪90年代，DTC又将"钻石恒久远，一颗永流传"这句广告语连同那些故事带入中国。

戴比尔斯作为钻石行业的龙头企业，在中国市场的销售额高达60亿美元。如今，这个全球最大的原钻供应商和零售商近乎垄断性地活跃在不断拓展的钻石行业，且整个钻石行业也因为戴比尔斯讲述的故事越发生机勃勃。

好故事是消费需求的助燃剂和品牌放大器。想要故事精彩且有能量，要善于将品牌的价值和消费者的需求融入其中，要善于将品牌形象与消费者的自我角色关联起来，成为消费者表达价值观、彰显自我的回音壁。最好的故事永远散发着人性的光芒，不仅能用温热的情感点燃需求，还能用新的光束指引人们优化人生并完善自我。

2. 好故事可以创造高溢价

百达翡丽创立于1839年，距今已有180多年，是目前全球唯一仍采用手工精制钟表制造商，也是日内瓦现今唯一可以在原厂内完成全部制表过程的钟表制造商，每只百达翡丽表都能确保百年内走时误差不超过0.02秒的精确度。百达翡丽至今拥有超越80余项技术专利，据说训练一名合格的百达翡丽制表师需要10年时间，制造一只复杂的腕表从设计到出厂至少需要5年。百达翡丽是英国女王和亲王指定制表商，全球拍卖会上成交价格最高的20只腕表都属于这个品牌，一只产于20世纪30年代的百达翡丽怀表以1100万美元的天价创造的全球钟表拍卖成交记录至今无人打破。百达翡丽以精湛的技艺和昂贵的材质为整个钟表行业设定了技术和审美的上限，始终稳居全球名表排行榜第一名，是众望所归的行业翘楚，腕表中的"蓝血贵族"……所以百达翡丽自信满满、信誓旦旦地声称：没有人能真正拥有，你只不过代为收藏！

以上就是百达翡丽对于自身产品特点与价值的故事化描述，但这样的故事完全基于百达翡丽腕表的历史事实，从一只高附加值手表打造的过程中整理出了一种令人信服的故事逻辑：精工绝技、优异材质、功用卓越、悠久传承、贵人背书、稀缺限量……把一只手表的尊贵价值推向无以复加的高度，因此可以肯定地告诉大家，但凡让人觉得值钱的东西，除了品质精良、产量稀有、过程传奇，一定少不了一个好故事！

有对夫妻辞职后去摆地摊。第一天，他们1.5美元一件淘来的军队旧衬衫卖了不到10件。第2天，他们给衬衫取了个响亮的名字——西班牙伞兵短袖衬衫。虽价格翻倍，却卖了1000多美元。于是他们懂得了卖东西要会讲故事的道理。后来，他们又编了一个英雄伞兵连的故事，没多久，这种衬衫便风靡全球。这对夫妻后来创立了一个品牌，就是如今价值几十亿美元的香蕉共和国。

《纽约时报》的专栏作家罗伯·沃克想探究为什么一个物品会比另一个物品更有价值。有哪些因素能让一双鞋的价格高过另一双鞋？为什么有些艺术品价值可高达 800 万美元，而有些同类产品只值 100 美元？是什么原因让一台烤面包机只能卖 20 美元，但有的烤面包机却可卖到 400 美元，它们的功能不都是烤面包吗？

沃克在经过深入研究后得出结论，创造价值的关键不在物品本身，而是故事，也就是物品"非凡"的由来。换句话说，价值并非包含在物品里，而是包含在描述物品的故事里，或者物品对拥有者所代表的意义里。

沃克决定用一种简单且直接的方式来检验他的结论。他和一位朋友开始在低价商店随机买一些无用或低价的东西。这些东西的售价从 1 美元到 4 美元不等，包括老木槌、遗失的饭店钥匙、塑料香蕉等几乎没有什么价值、可以随手丢弃的东西。

接下来，沃克找来几位匿名作家写故事，每一篇故事都包含一个上述物品。故事不是直接以这些物品为主题的，但让那些物品处于一个与人有关的情境里，赋予它们新的内涵。

之后，沃克把这些东西放到 eBay 上去卖，并附上那些故事。结果令人相当诧异，那些之前被认为不值钱的东西的平均价格升高了几十倍。一个小罐蛋黄酱以不到 1 美元购入，却卖了 51 美元。一个破损的陶制马头用 1.29 美元购入，卖出的价格是 45 美元，这些原本"被丢弃的破铜烂铁"，在搭配了一个精彩的故事之后，其身价就可"暴涨"。

沃克的实验用具体雄辩的事实告诉我们商品价值在人类大脑里的塑造方式。开罐器就只是开罐器，除非它是迈克尔·格雷夫斯设计的，永久收藏在现代艺术博物馆。鞋子就只是鞋子，但若是一双 TOMS 的鞋子，意义就非同小可。这些物品都变成极具启发性故事里的一部分，它让消费者具有与人分享和沟通的炫耀性资本。这就是人们愿意花高价购买商品的动因，真正的定价力量，就是由此产生的。

在全世界，产品和品牌数量每天都在飞速增长，产品的定价也随之提高。2010 年以前，世界上只有 300 万个品牌，而今天这一数字已过千万，任何与生活有关的东西都迅速地大量商品化。在人们几乎什么都不缺的富裕年代，一个真诚、充满特殊意义和场景感人的故事，就变成推升公司利润率的重要因素。

3. 好故事让品牌更具信任感

有些东西要想让别人相信，就要学会讲故事。日本浅野捻线株式会社经过3年的摸索，研发了能使纤维间充满大量空气的捻线技术，这种纤维被命名为"魔法捻线"。

用"魔法捻线"编织的"浅野毛巾"可以轻易地将发根的水吸干，纤维中的空间不仅可以储水，还因其特有的通透性可达到快干的效果，相比于一般的毛巾，浅野毛巾晾干所需的时间大大缩减，还不会伤害肌肤。

基于浅野毛巾的上述特点，浅野公司在整理产品话术（也就是我们说的故事）时就只是简单粗暴地强调了五大特点：一是不可想象的轻质感，毛巾的重量只有普通毛巾的1/2；二是难以置信的吸水性，毛巾的吸水性相比普通毛巾提升了200%；三是令人惊艳的洗后蓬松度，就是与普通毛巾相比，浅野毛巾洗过50次之后依然蓬松如新，而劣质毛巾洗过十次之后就干薄得像块破布片；四是晾干速度极快，在阳光下晾晒1小时后水分残留量只有普通毛巾的1/2；五是掉毛量仅是普通毛巾的1/4。

仅凭上述五大特点，浅野毛巾就把日本所有的科技大奖都拿了个遍，还受到日本皇室的特别青睐。浅野毛巾曾经在电视购物上仅用4个小时就卖了1.5亿日元，成了深受日本国民喜爱的毛巾品牌。

不管什么行业都要有故事营销思维，尤其对于一些技术性强的行业，一些复杂抽象的技术知识很难被用户理解，这个时候就需要根据用户理解事物的方式和吸收传播知识的习惯，将这些深奥难懂的技术知识转化成通俗易懂、引人入胜的故事，否则再完美的产品都有可能让用户难以理解，从而敬而远之。

一个刚刚问世的新产品，消费者从不了解到最终欣然接受，在心理上必然要跨越三大疑问：好不好？值不值？信不信？人们只有将横在心里的三大疑问完全化解，才会真正变成新产品的信奉者和消费者（见图5-2）。

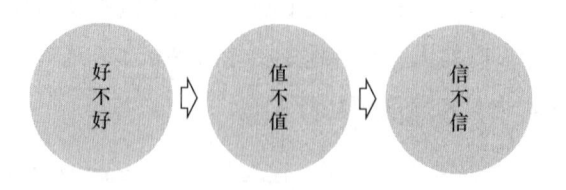

图5-2 消费者在心理上必然要跨越的三大疑问

如何化解消费者心中的三大疑问，就要善于向消费者出示你的信任状，有八大信任状可以帮助企业建立消费者对产品的信任感。

（1）正在热销——热销抓住了消费者的从众心理。如香飘飘奶茶称一年卖出的香飘飘奶茶连起来可以环绕地球转一圈。人们总是对那些热销的东西有更多的信任，因为热销就意味着让人放心，大家都在用，一定错不了，这就是基于安全考量的一种从众心理，一个东西用的人越多就越容易产生跟风。

（2）意见领袖——意见领袖一般是人们共同信任的行为榜样，意见领袖青睐的东西一定容易被信任。产自绍兴的会稽山黄酒，声称自己是"绍兴人爱喝的绍兴黄酒"，因为我们知道黄酒的原产地就在绍兴，黄酒是否正宗地道品质好，只有绍兴人最有发言权，连绍兴人都爱喝的绍兴黄酒，那还用怀疑吗？这就是典型的利用绍兴人民这个群体性意见领袖创造产品信任感的例子。

（3）历史悠久——历史悠久意味着产品已经过漫长时间的检验，靠谱且值得信赖，这就是为什么那些百年老店总是容易赢得信赖的原因。法国手工鞋履品牌伯鲁提（Berluti）创立于1895年，是拥有百年历史的老牌制鞋商，也是世界顶级奢侈品集团LVMH旗下的主力品牌，以定制"有灵魂的鞋"著称，一直受到皇室、教皇、社交名流及各界精英人士深深的喜爱。卓绝无双的品质加上悠久辉煌的历史，使伯鲁提一直都是奢侈品中最经典、最奢华、最受追捧的领航者之一。王老吉为了树立正宗可信的品牌形象，声称是严格遵照传世185年独家配方做成的凉茶，成功塑造了正宗凉茶的标杆形象。记住，时间是个伟大的雕刻师，它既可使一些东西折旧，又可使一些东西增值，悠久的历史不仅酿就了芬芳，还创造了非凡的价值。

（4）行业首创——一个行业的首创者意味着比别人有更多的经验且更加权威，因此更专业、更可靠、更值得信赖。九阳豆浆机是豆浆机的首创者，所以在消费者心中也成为豆浆机行业的品质标杆；特斯拉是电动汽车的首创者，所以特斯拉电动车在消费者心中成了时尚、个性、高端电动车的领跑者。

（5）独门秘技——强调拥有独特的工艺和制造技术更易塑造专业形象。许多老字号品牌都强调自己拥有特殊的制造技艺和独家配方，以迎合消费者"有术即专"的认知习惯。安吉尔净水器强调使用美国原装进口陶氏滤芯，日本浅野毛巾强调独家首创魔法捻线技术，很多中药和传统食品都强调古法炮制就是遵循此理。当你反复强调自己拥有一种独特的制造技艺时，人们就愿意相信这样的产品一定非常专业、"硬核"，一定有着他人所不及的好品质。

（6）特殊细节——魔鬼藏在细节里。分享原创的真实体验或虚构故事将成为大品牌的唯一选择。细节可以展现企业在产品质量上极致求精的态度和精神，包括独特的技术标准和服务体验等。如迪拜帆船酒店通过对极致服务细节的描述展现其完美优质的服务体验：

每个楼层的服务员都必须记住入住此楼层的所有客人的姓名，遇见客人要打招呼，要能正确叫出客人的姓氏，为客人送餐点时要戴一次性手套，当客人用餐时如果要回答客人的问题应距离食物 1.51 米以上，把客人的信息输入电脑，每逢重大节日为客人送上祝福……

（7）重要用户——用有公信力的用户来建立品牌信任感会更有说服力。就像前文讲的伯鲁提手工皮鞋，它的用户都是什么人？肯尼迪总统、西班牙国王、日本天皇、毕加索、摩纳哥国王、温莎公爵和马龙·白兰度等。这些声名显赫的人物脚上穿的都是伯鲁提皮鞋，伯鲁提的尊贵形象和精良品质自然不言而喻。加拿大鹅羽绒服的忠实用户包括俄罗斯总统普京在内的一大批有着世界影响力的人物，消费者还用怀疑其品质吗？那些有高光效应的特殊用户是建立品牌信任最有说服力的法门之一，当故事里有了这些真实无欺的"硬通货"时，品牌信任感的建立就轻而易举了。

（8）亲身经历——现身说法，用体验描述再造场景感和真实感。讲述一个亲身使用和体验产品的过程并从中获益的真实故事，远比讲一大堆道理令人信服，这也是近几年来直播带货能够深受消费者欢迎的原因之一。带货的"网红"或明星们拿着真实的产品，现场演示产品的使用方式，红口白牙地讲述使用该产品的美好体验，有人物、有产品、有说法，现场感和真实感十足，毋庸置疑的信任感便在消费者心底油然而生。

4. 好故事让品牌更有吸引力和传播力

我们来看看一些大品牌是如何做故事营销的。

依云矿泉水将它的整个发现过程写成一个具有传奇色彩的故事：1789 年夏，法国正处于大革命时期，雷瑟侯爵患上了肾结石，有一天他取了一些依云矿泉水，饮用了一段时间后惊奇地发现自己的病奇迹般地痊愈了；1864 年，拿破仑三世及其皇后也对依云镇的矿泉水情有独钟，正式赐名其为依云矿泉水。

Zippo 是世界排名第一的打火机品牌，为了在消费者心中植入 Zippo 品质过硬和耐用的品牌形象，Zippo 塑造了一系列精彩的故事：被鱼吞入肚中的打火机完好无损；越南战争上为安东尼挡住子弹救了其性命；靠 Zippo 的火焰发出求救信号，甚至用打火机可以煮熟一锅粥……这一系列故事给消费者留下了深刻的印象，增加了人们对 Zippo 品牌的好感。

互联网时代品牌更需要好故事。互联网时代没有故事的企业很危险，有故事不讲的企业很吃亏。讲故事首先是让别人关注你，进而了解、喜欢和信任你，最后才有可能消费你的产品，如果没有故事，一切都无从谈起。

互联网时代也是内容营销的时代，最好传播的内容就是故事。把品牌价值、产品特征、企业文化、服务水平等信息用消费者喜闻乐见的故事方式表达出来，远比空泛地吆喝叫卖高明得多。在信息泛滥的互联网传播平台上，人们对硬性广告的反感和排斥已成为本能，而故事却可以把人们对商品信息的防御意识降到最低，好的故事还能引发人们的兴趣和好感。

"你有故事我有酒。"故事是最容易引发社交的话题系统，互联网平台使人人交流、交心和交易成为可能，互联网上的产品信息不再以广告而以故事的方式出现，在关系链中存续的各类互动、推荐、评论和转发，将无时无刻不伴随着社交化的网民行为，而故事则因为话题感强更能促进互动行为的产生，那些被故事化的营销信息更容易受到人们的关注和流传。可以肯定地讲，故事化将成为未来互联网时代商业信息表达的主流形态。

互联网释放了"长尾经济"，在人人都是自媒体的时代，传媒话语权下放和普及成为现实，每个普通人和企业都可自由创作和输出有价值的内容，与社会进行广泛沟通，获得关注、好感和信任，尤其是企业在"随时随地、想讲就讲"的便利条件下，更能充分利用各种社交功能和用户黏性强的自媒体，讲故事、造话题、博眼球、蓄流量，更容易让品牌故事在互联网社交圈中脱颖而出，不断被分享和扩散。

互联网还是信息留存度和时效度最高的传播平台，一张放在互联网上的小学生照片，即使其本人到老年也不会泛黄。互联网让信息的保质期无限拉长甚至永不过期，尤其是故事这种自带媒体属性和话题能量的内容资产更适合放在互联网上。品牌故事可以经常被人分享、复读和回味，进而转化成品牌认知度、信任度和忠诚度。

"产品未到、故事先行"已经成了互联网时代品牌传播的"硬核"定律，用引人入胜的故事鸣锣开道，而后再推出产品，促进消费。没有故事为品牌开道，品牌的传播与营销根本就"玩不转"，所以透过企业在互联网时代推广品牌行销的过程逻辑，我们有足够的理由相信，只有好的产品配上一个好故事，品牌才会有好人缘。

如何让故事疯传起来

故事是终极"信息技术"。要讲好故事就需要有足够专业的信息加工与"智造"能力，如何玩转你的故事魔法，掌握并运用好如下五大要领，好故事便可呼之欲出。

1. 让观众参与创造故事

亚里士多德告诉我们，观众最大的愉悦在于自行发现，而不是被动接受。当故事技巧化地把它的意义包裹在戏剧性之中时，观众不会感到精神压力，却会对世界和人心产生更深刻的理解，当人们意识到他和故事主角有共通的人性时，他的直觉会遵循亲近的逻辑："那个角色和我一样，所以我希望那个角色得到他想要的。"同声相应、同气相求，具有相同特质的人与事就会相互感应并自然地结合在一起，故事中的主角与观众就建立了情感纽带。

瑞典家居品牌宜家很善于讲故事，宜家曾与 MEC 娱乐公司合作，在美国 A&E 电视台开辟了名为"改造我家厨房"的实景节目。在每集约 30 分钟的节目中，制作单位会从主动报名的观众中挑选适合改造的家庭，并观察他们的作息和兴趣，再由主持人和知名主厨在 5 天内为这一家人打造专属的厨房。

在每集节目中，制作单位都运用宜家产品，为一家人带来翻天覆地的厨房大改造，也细心地介绍产品特色，以及如何让生活更便利，即使观众都清楚地知道节目是由宜家赞助制作的，但实用的信息仍满足了消费者迫切的需求。根据调查，在收看过节目的观众中，有 60% 的人认为宜家提供高质量产品，也有高达 2/3 的人表示在要改造厨房时会考虑宜家，而这个节目更是直接让宜家在线厨房设计软件的使用量提升了 30%。

如果在猴子面前竖起一根旗杆，它一定会顺着杆往上爬。讲故事也是如此，有时候只要交给人们一个故事框架，人们一定会自己发展剧情，关键是要建立故事的逻辑主线，让故事不断在人们头脑中衍生新的故事。例如，当我们把"与恐怖分子的战争"框架建立起来，就能一次说明其中的人物、事件、动机等元素，"恐怖分子"这个字眼可以产生明显的敌我之分，接着人们就会理所当然地认为"战争"势必开打，而且一定要打败恐怖分子……概念上的模糊地带消失了，所有的元素都汇入叙事的洪流中。

好故事不说教，更不搞"信息暴力"，因为好故事的思维方式是启发式而非结论式的。好故事应该为公众创造某种选择性知觉，没有刻板的典型形象，传达的价值观和理念绝非唯一，更不会以说教的口吻进行强制灌输，而是通过有启发性的话题和有代入感的故事框架让人们自动浸入，引发人们发散思维并参与再创作。

2. 用"事故"引爆故事

创造故事的最有效手段就是"智造"事故。秦末由陈胜、吴广领导的农民起义最直接的导火索就是一起精心策划的营销事件。事件的发起人陈胜和吴广精心设计了两个骗局，一是让手下的士兵们偶然从鱼肚里找到了写有"陈胜王"的布条，目的就是让他手下的士兵心甘情愿地跟随他起义，第二件事就是他在士兵们晚上睡着之后，假装狐狸喊道"大楚兴，陈胜王"，让所有的士兵都相信陈胜是上天选定的王者，同时他们还用"王侯将相宁有种乎"的说法动摇人心，提出"伐无道，诛暴秦"的口号，所以才引发了席卷神州并彻底颠覆大秦帝国的起义浪潮。

从根本上讲，这一浓墨重彩载入史册的重要史事，不过是陈胜和吴广这两个"刁民"利用当时老百姓愚昧迷信、认识水平低下的弱点，以鬼蜮伎俩炮制的一起"病毒性"事件。

翻开人类史，发现很多起义、革命、战争，都是因为虚构了某个"想象的现实"并通过某起"偶然的事件"去引爆的，从而集结了成千上万的人，朝着一个共同的目标进发。由此可见，创造一起有影响力的"事故"远比杜撰一个简单的故事更有传播势能。

1915年3月，美国旧金山巴拿马太平洋万国博览会开幕。除东道主美国外，中国是其他参展国中展品最多、展馆面积最大的国家之一，展出了包括丝绸、瓷器、茶叶、景泰蓝在内的农产品与工艺产品等民族特色商品共10多万件。仅参展的酒类就有数十个品种，茅台酒作为贵州省的特产被放在农业馆里，与棉、麻、大豆、食油等农产品杂陈在一起，很不显眼。当时的工作人员为引起观众和评委的注意，曾准备将茅台酒移到人气较旺的食品加工展示馆。在搬运过程中，一名工作人员不小心把一瓶茅台酒摔落，顿时酒香四溢，引来众多参观者。最终，茅台酒凭借酒香味浓摘得国际金奖。

这一无心插柳柳成荫的"摔瓶"事件，无意间将酒香变为媒体，不仅在国际上展现了中国白酒醇香甘美的优质形象，而且也成了茅台酒脍炙人口、久传不衰的品牌故事。

海尔砸冰箱等故事之所以深入人心，首先在于这些故事源于一起事件，而后被演化成故事，当某个故事是以真实的特定事件开始的时候，更具有公信力、感染力和传播力，而被置于其中的特定的产品、思想和行为也会像病毒一样被快速传播扩散，在街头巷尾成为人们津津乐道的话题。

3. 品牌传播活动新闻化

将某些营销活动变成新闻事件，也能成为有传播力、影响力和推动产业发展的品牌故事。曾经风靡全球的《指环王》电影三部曲通过取景成就了新西兰的旅游业发展就是最经典的案例。

1999年，当新线电影公司决定将《指环王》搬上银幕时，该片的导演、原籍新西兰的彼得·杰克逊就认为，与原著中所描绘的"中土世界"最接近的地方就是他的家乡。于是他带着所有拍摄人员来到新西兰南部这片风景壮丽、人烟稀少的地方，花了一年多的时间，完成了《指环王》三部曲的全部外景镜头。

随着《指环王》电影的热播，新西兰如仙境般的美景在世人面前得以展现，新西兰从一个普通的国度迅速化身为充满神秘色彩的"中土世界"。这里有着连绵高耸的山脉、巍峨纯净的雪山、湛蓝神秘的海洋、广袤无垠的草原、璀璨绝美的星空和青葱繁茂的雨林。这片远离尘嚣和污染的土地上孕育着不少自然传奇。这里被称为人间最后一片净土，的确实至名归。

很多游客来到新西兰，希望找到与电影中那些著名场景对应的拍摄地点，以便身临其境地体会英雄们在《指环王》波澜壮阔的剧情中抗击邪恶、捍卫正义的伟大征程。为了满足游客们的这一愿望，导游们也不厌其烦地指点着电影拍摄时演员们真正到过的地方。如今的新西兰已经成了世界各地"魔戒迷"们心中的朝圣之地。

不只是游客将目光瞄准了新西兰，越来越多的电影制作者也开始将这里作为外景拍摄地。由大导演斯皮尔伯格与大明星汤姆·克鲁斯合作的影片《最后的武士》也是在新西兰拍摄的。

随着众多取景于新西兰的大片热播，这个美丽的岛国如今不仅成为全球瞩目的观光地，也成了全世界移民的首选地，旖旎的风光、绝佳的风貌、独特的风情，新西兰正在成为全球旅游生活的新热土。

4. 将品牌特征视觉化

凯迪拉克 CT6 是一款有独特竞争力的新车型，在新车刚推向市场的时候，为了更直观地向消费者展现 CT6 "能防水、防腐蚀、颜值高、车身轻、密闭性能好"的优势，凯迪拉克公司在上海新天地别出心裁地玩了一把"车辆入水"的行为艺术——他们将 CT6 放在一个装满水的巨大玻璃鱼缸中，让上百条金鱼在车身周围游来游去，向所有人展示了一幅"金刚美人鱼"的场景。

这一事件快速引爆了朋友圈，以线下事件带动了线上传播。因为驾驶舱内的材质始终是消费者最关心的，凯迪拉克在营销策略上选择了由浅入深、由表及里的展开方式，先用活动引起大众的好奇心，再通过鱼缸生存环境体现车的材质环保健康及其浑然一体的高密合度。这种大胆的做法不仅引起了广泛的关注和认同，凯迪拉克 CT6 这个高难度的"金刚美人鱼"画面也成了中国汽车爱好者们挥之不去的视觉记忆，这次大胆出奇的行为艺术也成为近几年汽车行业话题性最强的品牌故事之一。

视觉化的东西往往更有故事感。如看到某人脸上有一道刀疤，人们自然会联想到这道刀疤的背后一定隐藏着一个故事，进而产生一探究竟的想法，因为视觉形象具有吸引关注、引发想象、加深印象、强化记忆、引起感情共鸣等功能，这就是我们常说的视觉化效应。为什么很多历史遗迹和人文古迹容易让人产生遐想并引发思古之幽情，就是因为"有图有真相"的视觉化载体有更强的信息附着力，所承载的故事更有真实感和可信度，同时可以简化概念认知、降低记忆负载。

5. 掌握"故事创造基本法"

要讲好品牌故事还必须掌握一些"故事创造基本法"，要善于以独特视角发掘产品内在的故事基因，进而以充满戏剧性的方式将其演绎成故事。茅台酒之所以被称为"国酒"，除了其品质优异，还因为其独特的资源禀赋、悠久的酿造技术传统和独有的红色文化等"硬核"基因，构成有公信力、吸引力和说服力的传奇故事。可见任何一个品牌都有自己的"故事基因"，如何发掘这些基因并演绎成让消费者主动关注、建立信任的好故事，归纳起来有如下要领：围绕历史挖故事、围绕品质说故事、围绕资源生故事、围绕事件造故事、围绕顾客找故事、围绕技术编故事、围绕细节抠故事、围绕体验淘故事……掌握了这些要领，你离成为一个品牌故事高手就不会太远了。

树立故事思维

如果你想造船，先不要雇人收集木头，也不要给他们分配任何任务，而要先激发人们对海洋的渴望；如果你想激发人们对海洋的渴望，先给人们讲个关于海洋的故事。因为一个好故事胜过十条硬道理！

现在的很多产品功能表述起来太过专业且复杂，而消费者大都缺乏深入研究的耐心，这时候最需要的是把复杂问题简单化。好的品牌故事就具有简化信息、拉近用户的神奇功能。

越来越多的企业开始强调和培养员工的"故事沟通能力"。耐克公司要求所有高管都成为"会讲故事的人"；3M公司禁止流水账似的罗列要点，要求沟通行文"以战略方式叙事"，也就是多讲领导者从战略上指导的故事；宝洁公司专门花重金聘请好莱坞电影导演，培训高管如何更好地讲故事；摩托罗拉公司员工在工作之余会参加"即兴表演"戏剧小组，以提高自己讲故事的能力；亚马逊的老板贝索斯在给全公司的信中要求在开会时禁止使用PPT，每次会议的组织者都要先准备不超过6页纸内容的备忘录，内容要以叙事结构为主，让其成为人人都看得懂的文件。贝索斯认为，叙事结构的文字内容比PPT更有效。很多心理学家也认同这个观点——当人们以听故事的方式接收信息时，脑部就像在感受自己的亲身经历一般，对内容的印象会更为清晰、牢固且持久。

这种把沟通叙述故事化的思维就是故事思维，它已成为人类不断优化自己、成就个人价值的重要智慧资产。欧美的畅销书作家绝大多数都不是学文科出身的，他们之所以在文学创作上能够取得如此骄人的成就，主要因为他们都是会讲故事的高手。

一切商业成功的奥秘，都藏在智慧的沟通里。大家要记住一句话：高手都在讲故事，笨蛋才在讲道理，世界上最高明的行为莫过于通过故事影响别人，让大众活在希望里，而不是活在现实中，这就是品牌成功行销的最高境界。

做一个优秀的"品牌编剧"

菲利浦·科特勒说,中国的品牌都缺少好故事,中国的企业也缺少真正会讲品牌故事的高手。虽然中国的企业家都有很强的产品质量意识,但缺乏为产品故事包装及叙述故事的能力。乔布斯之所以能成为一个产品行销的高手,不仅因为他深通产品创新之道,更重要的是,他还是一个善于炮制好故事和讲述好故事的高手。除了不断开阔企业发展的战略视野、提升企业经营的创新能力、强化品牌打造的专业素养,训练和提高自己做好"品牌编剧"、讲好品牌故事的能力已成了企业家能力建设最重要且最急迫的课题之一!

《天方夜谭》的主角莎郝扎德随时都有可能被国王杀掉,但她凭借高明的故事述说能力,每天晚上给国王讲一个故事,每个故事不仅充满了浓厚的道德说教意味,而且结尾都悬念感十足,让人对下文充满期待,这样的故事一直讲了一千零一夜,最终彻底感化国王,使莎郝扎德得以幸存。

比较有趣的是,时至今日,那些靠贩卖故事过活的人依然使用着莎郝扎德的技法创造故事,无论是评书还是电视剧,总是在最扣人心弦的高潮时刻戛然而止,留下无尽的悬念,不断刺激人们对后续剧情的渴望。

在这个可以用故事成就商业的大时代,生存还是毁灭,是摆在每家企业面前的现实问题。面对信息过载、消费者注意力分散的局面,故事化传播不仅越来越成为一种重要的营销策略,更是企业品牌凝聚大众视线、争夺大众认知空间最不可或缺的战略行为,如何以扣人心弦、引人入胜和发人深省的故事不断叩击敏感的社会神经,为品牌创造更多注意力红利,做一个优秀的"品牌编剧"已成每个企业家和营销人员不可或缺的傍身重技。所以最后再次重申——无故事,不营销!

本章内容要点温习

1. 品牌故事有哪四大功能?
2. 取信顾客有哪八大信任状?
3. 让故事疯传的五大要领?

06 第6章 符号记易

再难测的人心，皆可"传符而定"！

陕西等于陕北吗

说到陕西，很多人总是习惯性地想到黄土高原、窑洞腰鼓、头戴羊肚巾、身披羊皮坎襟、吼着秦腔或唱着信天游的陕北老乡……这让生活在关中和陕南地区的朋友们很是郁闷，他们都会特意强调，那是陕西北部也就是陕北地区的特征，关中（或陕南）人不是那个样子的，从来都不戴羊肚巾也不住窑洞……他们认为，陕北黄土高原的风土特色不能代表整个陕西的特点，因为陕西除了陕北，还有富饶古朴的关中和婉约秀丽的陕南，这两个地区的人民，无论是生活方式还是行为习惯，都与陕北人民大相径庭。

为什么有着3000多年历史的陕西文化总是给人留下黄土高原的陕北印象呢？

深究起来大概有这么几个原因：一是文艺作品尤其是影视作品对黄土高原风情题材的大量运用，如《一个都不能少》《秋菊打官司》《黄土地》《老井》等在国人心中形成了陕西等于黄土高原的既定认知；二是陕西作家群文学作品造成的深刻影响，陕西文坛的"三驾马车"——陈忠实的《白鹿原》、高建群的《最后一个匈奴》及贾平凹的《废都》等作品里呈现的都是黄土高原的特色；三是历史课本对中华文明追根溯源尤其涉及黄河母亲河时，出现的画面都是九曲黄河、壶口瀑布及黄土高原这些"标配"元素，最关键的原因就是"延安精神"的大力弘扬。

延安是中国革命的摇篮，在对这个老区革命精神进行宣传时大量运用了有陕北特色的视觉元素，如飞扬的黄土和山上的窑洞、白色的皮袄和头巾、红色的腰鼓和绸带、高亢雄浑的秦腔等给人带来强烈震撼的特色符号，通过大量的影视、文学和音乐作品的宣传，这股独具陕北地域特色的"高原风"席卷中国，在人们心中不知不觉被强化并放大为整个陕西文化的代表。

另外，从内容传播的角度讲，陕北特色之所以如此强烈而突出，与陕北黄土高原那种特色鲜明且符号感极强的艺术形象、充满张力和特色的音乐，以及极富动感与视觉冲击力的画风有极大关系。可以肯定地讲，即使关中和陕南地区也能有陕北黄土高原那样的传播声量，也未必能有陕北黄土高原那样深远的影响力，因为无论是关中还是陕南，地域符号的特色远没有陕北鲜明而抢眼，陕北的文化底色是由黄土的"黄"、白头巾的"白"、腰鼓与腰带以及革命的"红"三种色彩构成的，这三种色彩耀眼夺目、极具视觉张力，而陕南的地域底色只有山水凝成的"绿"，阴柔而静美，关中虽沃野千里而地域底色则比较单一，根本无法与陕北天赋异禀的形象特色相抗衡。这就是说，排除文艺传播能量的加持，仅就地域符号禀赋，陕北就比陕南和关中有着更加独特抢眼的天然优势，久而久之黄土高原的陕北风情盖过婉约迤逦的陕南和富足平和的关中，进而以点带面地成为三秦文化的代表，就是顺理成章的事了。

我们发现，世界上很多广为人知的城市都有识别力强的地标性建筑或符号元素：北京有故宫和长城，上海有东方明珠塔，广州有新电视塔（被形象地称为小蛮腰），杭州有西湖雷峰塔，武汉有黄鹤楼，西安有大雁塔，拉萨有布达拉宫，澳门有大三巴牌坊。其他国家的知名城市也是如此：吉隆坡有双子大厦，新加坡有狮头鱼身像，纽约有自由女神像，巴黎有凯旋门，悉尼有歌剧院等。地标就是一种代表性符号，这样的符号让城市形象简明而聚焦，差异化特征也更容易被凸显出来，更有利于形成清晰识别和快速传播。

符号是大脑的特别通行证

人是视觉化的动物，人类识别和记录事物，就是从视觉符号开始的。如原始人的结绳记事，在文字没有出现之前，人们记录事情就是靠在绳子上打上不同的结来形成标记的，而那个结就是一种符号信息，后来出现了文字，但最早的文字也是取类比象、高度符号化的象形文字，从这个意义上讲，人类对信息的整理、记录和传承手段也都是起始于符号的。

符号也叫记号和标记，是所有信息视觉化的集成定格，也是人们共同约定用来指代一定对象的标志物，更是负载、标记和传播信息的特定代码。

识别和记忆事物是一种特殊的脑力活动，人的大脑分为左脑和右脑两个部分，右脑处理形象的、视觉化的信息，主要用图像思考，而左脑则负责处理连续、线性和逻辑化的信息，侧重于抽象的概念化思考。从吸收传播和形成记忆的角度讲，人类的大脑会优先处理图形图像信息，图形图像信息往往先于文字信息扎根于大脑皮层，并留下深刻印象，而相对抽象的语言和文字，大脑处理起来会比较费力，所以右脑通常成了信息快速传入的"优先通道"。当信息的洪流涌向大脑时，入脑最快的一定是图形感强、高度视觉化的信息，所以我们要想让信息在别人的大脑皮层快速"着床"，就必须借助一个强有力的"视觉助推器"。

绰号为什么比普通人名更容易被记住？是因为有些绰号将人物的特征形象化了。例如，你要记张三李四王五的名字可能比较麻烦，但让你记"大胡子""光头""一撮毛"可能就方便多了，因为"大胡子""光头""一撮毛"这样的代称就是将人物形象特征高度符号化的结果。

包括戏剧里的脸谱，也是一种符号化表达。如白脸的曹操、红脸的关公、黑脸的张飞、黄脸的典韦就是通过不同色彩将人物脸谱化，进而形成了清晰的识别和记忆的（见图6-1）。

| 曹操 | 关羽 | 张飞 | 典韦 |

图 6-1 戏剧里的脸谱

　　符号不仅是艺术范畴，更是传播手段。越抽象的信息理解难度越高，因为越概括、表现细节越少就越容易偏离事物本身；而越具象、细节特征越鲜明的信息往往越直观、生动、越接近事物本身，也就更易形成特定认知和深刻记忆，文艺圈里的很多艺人就深通符号传播的奥妙，一件旧大衣、一顶破草帽、一条苏格兰裙子、一颗媒婆痣都可作为符号标签，帮助自己迅速在大众心中建立特色鲜明的个人形象，这些标志性的符号，不仅增强了识别性，使他们瞬间从人海中脱颖而出，而且形成了惊艳时光、挥之不去的角色记忆。

　　研究证明，一个符号的表现力超过 1000 个文字，符号是品牌同质化竞争时代信息表达的最高级形态！

符号记易的五大功能

在信息过载的时代,人们思考与认识世界的方式发生了改变,越来越要求事物极简化与直观化,如果把复杂的概念和信息视觉化,传播行为就会变得更加快速易记、简单高效起来,具体而言符号记易有以下五大功能。

1. 简化信息

符号的首要功能就是对复杂信息加以简化。

例如,国际红十字会原名为"伤兵救护国际委员会",该委员会成立的初衷是发扬人道主义精神,救助和保护战场上受伤的士兵和平民。由于"伤兵救护国际委员会"这一名称显示的救护对象及工作范畴过于狭窄,不能完整地表现其实际功能和崇高精神,为了丰富内涵和加强传播,便以红色十字符号作为其识别标志,后来甚至干脆将组织名称也改为"国际红十字会",红十字符号不仅简化了信息,便于记忆和理解,而且极大地提高了其在全球范围内的传播力和影响力,使其成为全球最权威和最有公信力的公益组织之一。

再如,在高速公路上,如何让快速行进的车辆驾乘人员直接准确地看清和辨认服务站的功能,停车、吃饭、加油、修理等功能的专属性符号远比文字的提示来得清晰、简单且准确,让人一目了然。人民币、美元和欧元的符号也是如此,让人一眼入心、过目难忘!

2. 加强识别

符号的第二个功能就是加强识别。各个国家都有自己的国旗,国旗就是代表这个国家的符号,各个城市的地标建筑就是这个城市的符号,不同民族的服饰也成了不同民族的标志性符号,不同行业的服装也成了区分不同职业的符号。

例如，不用看名字，仅从色彩就能区分顺丰的快递车和京东的快递车，一眼就看出身着蓝色服装的外卖小哥是饿了么的，身着黄色服装的外卖小哥是美团的。

符号的识别还具有行为指令性，十字路口的交通信号灯，如果不是用红、黄、绿三种颜色为指令，而是用"停止""通行"和"等待"等文字为指令，很难想象公路上的交通事故会多到什么程度。由此可见，只有符号才能让差异化的信息快速"登陆"消费者的大脑。

3. 触发想象

有时候卖相比真相更重要。同一时间从瓜田里摘下的两颗西瓜，重量、新鲜度、价格都一样，所不同的就是其中一颗西瓜带有茎叶，而另一颗没有，如果有人要买其中一颗，请问会选哪颗？相信绝大多数人都会中意那个带有茎叶的，因为茎叶会让人感觉更新鲜（见图6-2）。

图6-2 不带茎叶的西瓜与带茎叶的西瓜

人都有信息加工的习惯，会根据眼中所见的景象引发各种联想，进而在头脑中形成主观判断和假设，为什么很多真相容易被伪装和掩盖，是因为伪装引发了人们的错觉，错觉便是人类主观想象的结果，所以符号容易触发想象的功能会让人的大脑吸收信息变得更加积极主动。

4. 象征意涵

符号还具有特定的象征意涵。玫瑰象征爱情、老虎象征勇猛，任何能够被称为符号的东西，一定能够成为某种事物或意念的象征。

很多人心里都会给某些视觉化的东西赋予某种特定的象征意涵，如玫瑰象征爱情、桂冠象征成功和荣誉、美玉象征高尚、白雪象征纯洁、如意结象征平安吉祥等，通过视觉化的物象来象征某些特定的意义和情感已经成为一种重要且有效的信息表现方式。

中国的文字博大精深、语义玄妙，尤其很多指代颜色的文字都被人们赋予特定的象征意涵。例如，红色代表热情、喜庆和吉祥；绿色代表健康、希望和环保；蓝色代表科技、宁静；紫色代表神秘、高贵和优雅；黄色代表辉煌、耀眼和神秘……这些特定象征意义的色彩符号，不仅让表达更加简化，而且形象生动、寓意深长。

5. 情感表达

视觉符号还具备特殊的情感力量。人既是视觉动物，又是情感动物，知道美丑俗妍，常怀喜怒哀乐。在电影院里的观众，为什么时而开怀大笑，时而泪眼婆娑，一定是某些特殊的画面触动了他们柔软的内心，从而引发情感波动。我们经常讲的"惨不忍睹"或"不忍直视"，这里的"惨"是一种特殊的视觉现象，而"不忍睹"则是情绪反应，说明视觉对情感具有强烈刺激和深度影响。有一种美让人窒息，美是视觉表征，窒息是情绪反应，说明情绪的产生也可能是来自视觉的刺激和触发。

孔子说过"巧言令色，鲜矣仁。"这句话的意思是一个习惯花言巧语和颜悦色的人，其用心多非良善，但从另一个角度也反映了人类交流沟通的习性，世人除了喜欢听好听的话，还乐于看到对方脸上那种让人愉悦讨喜的表情与态度，"巧言"辅以"令色"，绝对可以锦上添花，让沟通的效果更加完美，而这里的"令色"就是一种形诸视觉的情绪表征。

一个人长得方面大耳、慈眉善目，就容易给人一种信任感；一个人长得尖嘴猴腮、獐头鼠目，即使内心纯良端正，也会让初识的人觉得面目可憎，这就是视觉带给人的情绪反应。"芭蕾舞演员的情感在脚尖上，狗的情感在尾巴上"这就是符号表达情感的经典描述，所以符号不仅是信息表现的最优方式，也是情感表达的高级载体。

读图时代，品牌传播更需要符号

品牌传播本质上就是符号传播。从品牌一词的由来便可看出，以前欧洲的游牧民族，不同牧户的牛羊在同一片草地上放养，长相近似的牛羊混杂在一起实在难以区分，有牧民就想出一个办法，用烙铁在自家牲畜屁股上烫上一个记号（英文叫 Brand），用来识别和区分自家财产，后来的经济学家和商人们越来越意识到一个商品在大众心目中建立差异化印记的重要性，于是就用 Brand 这个词来指代品牌。

从品牌一词的由来和最初的使用场景可以看出，品牌就是差异化符号的同义语，也就是说，品牌的建立就是一个在消费者头脑中打造符号的过程。

在商业领域，最初的品牌只是区分生产者的手段，我国古代匠人们"物勒工名"的方式，就是一种朴素的品牌化行为，一件器物完成制作后，生产者要把自己的名字刻在上面，表明他对这件产品的质量负责，这种"物勒工名"的方式虽然是一种生产质量实名化的管理制度，但是对生产者本身来讲也是一种品牌打造的过程，不管是银饰、瓷器还是皮革制品，货物上都有生产者做的记号。后来，这种记号逐渐发展为商标，生产者通过商标对产品的质量负责，这个记号便成了产品质量溯源的凭证，也是产品品质信誉的标志。

随着品牌的不断演化和发展，这种具有识别作用和标签性的记号，就从最初始的图形，逐渐发展成包含图形、文字、色彩、声音、气味等一整套的符号体系。但是无论符号如何演变，品牌作为符号的这一本质不仅没有改变，而且越发凸显。

今天，不管是给品牌起名字、设计品牌标志，还是设计产品包装，其实质都是设计符号。

无论是公关活动，还是广告传播，在很大程度上都是在向大众灌输品牌符号及符号所代表的价值和信息。

随着同类型、同质化的产品越来越多甚至泛滥成灾，一个企业的产品要想从众多竞争者中脱颖而出，抢先进入消费者的大脑，就必须学会简化产品信息，并为产品创造一个具有独特识别性和速记性的符号,因为记住一个符号远比记住一大堆特性容易得多。最关键的是,符号容易在消费者的心中留下恒久的产品烙印。

可口可乐在全球消费者心目中的地位无可替代,造成这一深远影响力的不是可口可乐的诸多口号或文字描述,而是可口可乐的瓶子。在可口可乐的商业广告中,图像比文字更能有效地传达信息,这就是视觉符号的功能。

如何将品牌元素符号化

很多人一说到品牌符号就认为其只是品牌标志，其实远非如此。大而言之，所有能让人过目难忘、一眼入心的品牌元素都可以符号化，它们可以是标志、可以是独特的产品形态、可以是产品包装、可以是卡通形象，也可以是某种特殊消费行为，不一而足。这里给大家介绍几种品牌元素符号化的常规方式。

1. 品牌商标符号化

高端天然矿泉水品牌依云的水源地是法国的依云镇，背靠阿尔卑斯山，临近莱芒湖，远离污染和人为接触，经过长达 15 万年的天然过滤和冰川沙层的矿化形成了依云天然矿泉水。依云矿泉水就紧扣"来自阿尔卑斯山的天然水"的定位，在品牌的 LOGO 上突显了山峰符号，用关联性强的山峰符号来表现产品的特性和过人之处。

麦当劳、苹果、奔驰、LV 等都是商标符号化的经典妙用，它们的品牌商标都成了全球消费者识别和记忆其品牌的关键印记。

这里需要特别说明，商标不一定等于符号，中国绝大多数公司的品牌 LOGO 都只是商标，这些公司并没有将商标符号化。所谓商标符号化就是要让商标成为品牌特征和价值的视觉化表达，能够让人自觉理解品牌的某些特点并产生联想和快速记忆。另外，在设计符号化商标时，简单应是最根本的指导原则。如果一个商标让人看上去很复杂费解，需要牵强附会地解释半天才能让人明白，那样的商标就不是符号，没有太大的传播价值，就只是一个商标而已。

2. 产品符号化

"有型有范"的产品是最好的符号标签。如果能设计出高度符号化的产品，那么产品推广就会事半功倍。

大家知道宝路薄荷糖中间为什么会有个圈吗？宝路薄荷糖的创造者在最初和代工生产商签订协议时，商定将薄荷糖压制成实心的规则形状，但是代工生产商发现这种糖果在压制过程中，如果能在中间留个孔的话会便捷很多，除了生产制作方便、能减少破损，带圈的薄荷糖在食用上也更加安全，因为中间不带圈的薄荷糖常常卡住小孩的喉咙，容易发生"薄荷糖惨案"。据说有不少孩子在吃实心薄荷糖时，因为咀嚼不当窒息而死。

正是基于上述诸多优点，宝路索性就提出"有个圈的薄荷糖"的口号，通过产品的独特形态来加强品牌识别并对消费者进行直观的引导，最终成就了其在美国市场第一品牌的地位，而且这一地位至今无人撼动。

一个出色的产品符号将消费者变成了一群"认死理"的"粉丝"，这就是产品符号化的力量，所以在产品创新时，除了创造出独特的功效、品质及更人性化的消费方式，让产品拥有一种与生俱来的"星相"，更有助于提升产品的传播力和竞争力。

3. 包装符号化

如果产品形态缺乏识别性，那至少可以在包装上做文章，让包装成为一种符号。普天下的白酒都长着一副面孔，清一色的白色透明液体，人们没有办法从酒本身区分品牌，唯一可行的方式就是从包装上下功夫，形成差异化。

洋河蓝色经典就是一个好例子。过去中国的白酒包装基本上都是暖色系的，如红色、白色、金色、黄色、褐色等，而洋河蓝色经典则走清新高冷的路线，采用与之相反的蓝色，并将瓶子造型设计得很是婀娜性感，使其品牌从众多竞争对手中脱颖而出。

从消费心理学上讲，蓝色并非白酒类包装的最佳选择，缺乏白酒产品应有的喜庆感、亲和力与历史感，可是蓝色在金、红、白色大行其道的白酒市场具有十足的差异感和识别性，这种视觉策略恰恰吻合了品牌形象差异化原则，如果你不是品类中的第一，那就必须从视觉形象上表现足够的个性。

说到酒瓶符号化，不得不说绝对伏特加。绝对伏特加不仅将瓶子做成了最有识别度的品牌符号，更是靠这个符号成就了其在伏特加酒中的"王者"地位。

和波兰以及俄罗斯的一些具有悠久历史的品牌比起来，来自瑞典的绝对伏特加直到

1979 年才进入市场，绝对是一个"小字辈里的小跟班"。绝对伏特加将品牌打造的艰巨任务交给了 TBWA 公司。该公司对绝对伏特加品牌的传播方式进行多方研究和探索之后，觉得任何传统的品牌传播方式都无法给绝对伏特加在四面楚歌的竞争中赢得一线生机，只渲染产品本身的质量远远不够，必须冲破一般酒广告的传统模式，为绝对伏特加创造附加价值，把绝对伏特加塑造成时髦的、人人都想喝的形象，最后铤而走险把产品差异化胜出的希望寄托在绝对伏特加那个看上去像药瓶的酒瓶上。

鉴于当时美国"烈酒广告不能使用电视机或电台媒介"的法规限制。他们以"绝对"为主题，对绝对伏特加的酒瓶形状与不同题材进行广泛而合理的创意关联，形成一系列"绝对"的广告表现主题，如"绝对的产品""绝对的物品""绝对的城市""绝对的艺术""绝对的节日""绝对的名人""绝对的口味""绝对的吸睛"等，广告画面始终采用酒瓶造型加"绝对……"的标题构成的标准化广告格式，制作了多达 600 多张系列平面广告，这些"绝对"系列平面广告在美国推出后，绝对伏特加的销量从最初的 12000 箱猛涨到 300 万箱，而这仅仅用了一年时间！

绝对伏特加在美国消费者心中成了成功和高级的象征，到 1985 年，绝对伏特加就超越当时的俄国对手，成为美国市场进口伏特加的第一品牌，以及全球十大畅销蒸馏酒品牌之一。

绝对伏特加为产品创造了一种外观上持久的时尚，彻底颠覆了以口味、产地或历史为卖点的传统伏特加营销方法，开创了用酒瓶创造营销传奇的经典案例。

可见，将产品包装差异化并转化成品牌符号元素，是产品从同质化竞争中脱颖而出的有效法门之一。

4. 卡通形象符号化

把符号植入产品是最好的视觉传播策略。劳斯莱斯汽车车头上的飞天女神标志就是个很有特色和看点的视觉符号，这个符号不仅成为劳斯莱斯最有识别性的标签，而且价值不菲，差不多在三四线城市能买一套房了。

当劳斯莱斯点火启动后，车头上的飞天女神标志就会升起，精致奢华，引人注目，行驶在市区时其回头率瞬间"爆表"。一方面驾乘者看着冉冉升起的飞天女神时会赏心悦目，另一方面行人的注目与艳羡也给拥有者带来了满满的自豪感和优越感，因此其观赏价值给产品带来十足的溢价。

劳斯莱斯飞天女神标志的识别力已经超过它的商标，象征着一种高贵和不可侵犯，关键这个有着强烈象征意味的符号对品牌形象的快速传播与价值提升起到了至关重要的作用。

迪士尼乐园的"唐老鸭"和"米老鼠"、日本熊本县的"熊本熊"都是卡通形象符号化策略的成功典范。这些符号不仅成功推动品牌和产业的发展，其自身也成为一个独立的"IP"被产业化，这是符号化战略最大的创意成就。

中国的很多互联网品牌喜欢用卡通形象作为品牌符号，也取得了很好的传播效果，如天猫、搜狐、三只松鼠等。当然，这些品牌从名称上就已经符号化了，用动物取名容易增加识别度和记忆度，同时简化认知成本。另外，它们也做到了名与形相符，天猫的猫脸标志、搜狐的狐狸尾巴标志和三只松鼠的卡通松鼠标志，都是识别度、理解度、记忆度和传播度非常高的品牌符号元素，对品牌形象的高效传播和快速建立起到了非常重要的作用。

还有比较经典的米其林轮胎的卡通形象——用轮胎圈成的"米其林先生"，也成了米其林最有识别度和记忆度的符号，它为米其林轮胎的高级轮胎品牌形象的建立立下了汗马功劳。可见，用一个灵动可爱、个性十足、概念相关且充满妙趣的卡通形象作为品牌符号，有助于企业快速建立品牌并形成差异化竞争优势，卡通形象如一个可爱的精灵所展示的吸引力和传播"优先权"正在受到越来越多有识之士的重视，卡通形象符号的有效运用将是品牌营销战略中不可或缺的关键策略之一。

5. 品牌行为符号化

企业和品牌的常态性、标志性的商业活动或营销手段，也可变成一种符号，这就是品牌行为符号化。目前，全球最火爆、最成功的品牌符号化行为就是天猫的"双十一"，一年一度的天猫"双十一"狂欢节，经过十多年来的持续运作，从最初的"寂寞光棍节"到"全民网购节"再到"全球狂欢节"，随着每年交易额纪录的不断刷新，参与其中的人群、行业越来越多，现在已成为全球消费者共同的节日，随着每年活动规模与影响力的不断扩大，天猫这个平台也从中国的电商品牌升级为全球顶尖的电商品牌。

企业行为符号通俗地讲就像"招牌动作"，纪晓岚拿大烟杆抽烟、李小龙金鸡独立的武术动作、某人讲话时爱捋头发，以及大猩猩走路捶胸示威等，都是一种将招牌动作符号化的策略，这样的策略对于企业和个人塑造差异化形象也具有非常显著的效果。

为什么一瓶打开的科罗娜啤酒总要在瓶口加一片柠檬？为什么要在瓶口加柠檬？难道这样更好喝吗？或者是有什么特殊讲究？是不是有什么不为人知的故事？

瓶口加柠檬这种奇特现象，让人们的好奇心和探究欲瞬间被勾起。原来，墨西哥人在喝龙舌兰酒时一般都是啜一口龙舌兰酒再尝盐巴或柠檬，因为柠檬的酸甜口感更能激发龙舌兰酒的香醇浓烈，于是墨西哥人又尝试着把柠檬放入科罗娜啤酒中，发现柠檬的酸甜与清凉的科罗娜啤酒竟是绝配，这种特殊的饮用方式迅速在美墨边境流传开来，进而风行世界。

"科罗娜加柠檬"已经成为科罗娜啤酒最独特的行为符号，这一行为符号使得科罗娜啤酒从众多同质化产品中脱颖而出并迅速走红，啤酒加柠檬不仅成为全球消费者对科罗娜啤酒最深刻、最标签化的符号记忆，也成为科罗娜啤酒独特风味与绝佳口感的形象表征。

6. 企业家符号化

我们生活在一个有着"名人崇拜"的世界，媒体也为此深深着迷。美国最成功的杂志不是新闻刊物、体育杂志或财经杂志，而是一本名人杂志——《人物》，这本杂志的广告页数超过任何一本杂志。

名人崇拜是一种行为榜样的建立方式，人都有追星和慕名情节，微软的比尔·盖茨、脸书的扎克伯格，以及我国很多行业的领军人物，他们的形象和影响力都对企业品牌提升产生了至关重要的影响，当然企业家个人影响力的形成也与企业的影响力有一定的关系，两者之间互为因果、相辅相成。

消费者对企业家的了解和认同，对企业品牌的建立具有非常积极的助益：一是有助于提高品牌影响力和认可度；二是能为企业节省更多的行销成本，企业家的行为总是受到人们的特别关注，这种关注度会很自然地转移到企业和品牌上；三是有助于建立消费者的信任感，品牌是抽象的，但企业家是真实而鲜活的，消费者习惯从企业家的作为、行事风格与个人品格上找到品牌的影子，感受一个品牌的真实存在，格力的董明珠给人的印象是做事严谨认真、敢负责、敢作为、执着坚韧且信守承诺，所以消费者对于格力的经营行为和产品品质总是报以更多的信任感，这对企业的发展及产品销售起到了极大的助推作用。

人们仰慕和信赖成功者，这是一种天性。企业家是一种鲜活、真实、可追溯的信任资产，是最有公信力的品牌符号。企业家们的一举一动都会投射到品牌上，当一个企业家的正面影响力足够强大的时候，就很自然地转化成有价值的品牌形象资产。

当然，不是所有的企业家都可以成为企业或品牌的符号。一个可以被符号化的企业家首先必须卓有建树并拥有较强的感召力，其形象正面、积极、干净、纯粹，足以垂范世人，能成为大家引以为傲的行为榜样，并且与品牌有高关联度，尤其在私德上不能有污点。

企业家要成为企业或品牌的符号，必须将个人形象、声誉与品牌精神形成一种认知上的关联，必须是"人与事"形成的一种被认同的对应关系，因为在大众心中，你有多知名并不重要，重要的是你因何而知名，就像桑德士上校因炸鸡这件事而出名、乔布斯因为创建苹果公司而出名、李彦宏因为创建百度公司而出名一样，世界上任何有影响力的人物都是"因事而知名"，大众认同某个知名人物首先是认同他在某件事上取得的突出成就，企业家更是如此，其社会认同感的形成一定是其正面人设和个人成就有机结合的产物。

企业家符号化其实是一个企业家的自我角色与品牌形象合而为一的过程，这个过程包含了三个必要条件：①内圣外王、德业俱佳，企业家必须是事业与个人修为一应俱佳、名副其实的，不能欺世盗名、挂羊头卖狗肉；②人事合一、形神统一，个人角色形象与企业品牌精神要高度一致，不能"人事两张皮"；③功成名显、相互促进，一个企业家要想成为助推品牌发展的符号，必须在事业上有大作为，在社会上有较高的知名度和公信力，只有这样才能为品牌形象的提升、放大起到加持作用。

企业家符号化是一柄双刃剑，只有成为企业和品牌名副其实的精神象征，才能真正成为有价值的品牌符号，如果盛名之下难副其实，这样的虚名不过是泡沫而已，泡沫破后必将对企业和品牌造成更为严重的伤害，正所谓欲戴皇冠，必承其重，亦必承其险，企业家成为品牌符号，利弊兼而有之，尤需审慎为之。

品牌符号智造的四大创意法则

1. 寻找品牌符号中的共识性元素

品牌将符号传递给消费者的过程，是帮助消费者识别和记忆符号的过程。如何才能保证消费者准确理解并接受符号信息，关键的前提是要保证品牌所设定的符号必须是企业经营者和目标消费者都熟悉、能够理解并能形成共识的元素，就像我们看到的很多知名企业的 LOGO，使用的都是大家熟悉的事物，如苹果用的是被咬了一口的苹果、天猫用的是猫脸、搜狐用的是狐狸、腾讯用的是企鹅、科罗娜用的是啤酒瓶上的柠檬，人们一看便知那是什么东西，易认易记易理解，无须过多解释和说明，消费者就能自然理解、想象和接受。使用大家都熟悉的元素不仅可以降低符号的识别成本和传播成本，还有助于加快人际传播和口碑建立。

2. 保持与品牌和产品的关联

所运用的符号必须和品牌精神、产品特征或目标群体具有关联，符号与品牌要素的关联通常有三种情况。

一是直接关联，如捷豹汽车的符号是豹子、七匹狼的符号是一匹狼、康师傅的符号是一个漫画的厨师，肯德基的符号则是直接使用创始人桑德斯上校的漫画头像。

二是间接关联，如迪士尼乐园的米老鼠，虽然米老鼠的形象与迪士尼乐园看上去没有直接联系，但米老鼠活泼灵动、喜感十足，以及乐观逗趣、充满奇思妙想，总能给人带来快乐，深受迪士尼的目标人群尤其是孩子们的喜爱，这与迪士尼乐园所倡导的"让人乐起来"的经营宗旨一脉相承，米老鼠不仅是迪士尼乐园"快乐"特质的符号化表达，也是迪士尼"快乐"制造最核心的策略装备之一。

三是植入关联，直接将符号与产品发生关联，如苹果的白色耳机、宝路薄荷糖的圆圈、科罗娜啤酒瓶口的柠檬等，这些都直接让符号成为产品的一部分，这样的符号传播自然无痕且能更能扎根人心。

总之，符号是品牌价值和产品特色的精炼表征，符号与品牌和产品在概念或形态，以及特定意涵上保持关联是品牌符号运用的重要法则，如果符号与品牌和产品没有任何关联，这样的符号不仅会造成视觉乱码，还会造成传播障碍，所以品牌符号的开发一定要确保符号与品牌名称、定位、产品、消费者等关键要素保持高度关联和一脉相承，而不是追求互不相干的独特性或多样性。

3. 品牌符号必须稳定，不应该随意改变

符号的另一个特点就是稳定，就像某人身上的胎记或脸上的痣，只有长期存在经久不变，人们才会将其视为标志性符号，一夕三变的东西就不能叫符号，最典型的例子就是新加坡航空公司（以下简称"新航"）的空姐制服，历经几十年之久从未变过样！

新航的空乘制服是法国著名女装设计师皮耶·巴尔曼于 1968 年为新航量身定做的。它沿袭了马来沙笼柯芭雅服饰的传统线条，在领口处做了细微改动，在褶边、袖口、领口和前襟处使用了镶边材料。这些看上去"不是制服、胜似制服"的独特创意让新航从众多航空公司中脱颖而出，很快成为旅客眼中新航飞行服务独有的商业标志。

新航的空乘制服也是差异化战略的成功产物，新航成立几十年来，空姐们穿着始终如一的制服，配上"巧笑倩兮"和机舱内无微不至的体贴服务，让每一位乘坐新航飞机的乘客都会对新航充满好感。浓郁的东南亚气息的空乘制服不仅在世界上独树一帜，同时也帮助新航空乘成为航空业认知度最高的形象之一。

新航的空乘制服已超越制服本身，成为新航公司乃至新加坡国家形象的符号。身着沙笼柯芭雅服饰的新航空姐成为代表新加坡国家形象的"新加坡女孩"，同时也是新航优质服务的符号象征，这种稳定如一、特色鲜明、令人印象深刻的符号化着装早已成为一种价值巨大的品牌资产。

符号一经确定就不宜随意改变，无论是从符号形成的过程，还是符号发挥影响力的角度，稳定、差异与高度定格是成就符号的三大基本条件，保持符号稳定性应是符号传播策略的最重要原则之一，缺乏稳定性和持久性的视觉要素不能成为真正意义上的符号。

4. 符号设计力求简单，切忌复杂

很多企业在设计品牌符号时，一味追新求异，导致符号形态复杂怪诞，给品牌传播和消费者识别带来了很大的难度，反而推高了品牌的传播成本。

越是简单的符号，越容易被人记住，这是视觉传播的一个重要规律。前文中一再强调，消费者接收信息的习惯是"悦简厌繁"，符号信息更是如此，如洋河的蓝瓶子、王老吉的红罐，无论是"蓝瓶子"还是"红罐"，都非常简单清晰，易认、易记、易口传，所以一个真正能够被广泛传播的符号除简单有型之外，一定要能用简单的词汇概括出来，如耐克的"钩子"和劳斯莱斯的"飞天女神"，只有能被消费者一句话说清楚的才能叫符号，才能被人热议并广泛传播。再如可口可乐的"曲线瓶"，麦当劳的"金色拱门"莫不如此。无论是一个人、一件事，还是一个产品，能够用一句话说清楚的，才具有传播力和生命力，成功的品牌符号传播策略更是秉持这样的法则：一眼入心，一句说清，唯有简单，方能广传。

人心深似海，传符即可定

在信息过载、品牌竞争高度同质化的时代，要建立差异化的品牌形象越来越困难，用鲜明而独特、触目而惊心的视觉符号来建立品牌认知就显得殊为重要。只要将品牌名字与特定符号绑定在一起，在长期的经营中就能带来超预期的收获。

品牌最大的功能是降低人们的选择成本，而符号最大的功能就是降低传播成本和识记成本。许多令人记忆犹新、历历在目的往事，一定伴随着一个鲜明的符号扎根心底，一双天真无邪的眼睛、一副痛苦扭曲的表情，以及令人惊艳的回眸一笑，都会定格成符号，成为挥之不去的记忆。

好的品牌符号既是品牌信息传播的加速器，也是产品价值的放大器。将抽象的信息符号化越来越成为企业塑造品牌不可或缺的战略手段，借用一个简单、独特、关联且富于美感的符号，可以使一个品牌变得有卖相、有温度、有感染力。总之，卓越的企业在推行品牌战略时必须要有符号传播思维，只有做到品牌与符号"名符一体""形神兼备"，在与对手争夺大众眼球的传播战中才会有更多胜算，无论面对多么复杂的市场、多么激烈的竞争，以及多么难测的人心，只要符号在手，皆可"传符而定"！

本章内容要点温习

1. 符号记易有哪五大功能？
2. 品牌元素符号化有哪六种方式？
3. 品牌符号智造有哪四大创意法则？

第 7 章　创优体验

口说不如身逢。

让人爱不释手的《秘密花园》

于 2013 年推出的涂色书《秘密花园》已经被翻译成 22 种语言，其在全球的销量超过 200 万册，一度登上亚马逊畅销榜榜首。一本正文只有 264 个字的书，却在全世界掀起了一大股"悦读"风潮，说它"刷爆了"全世界的朋友圈也不为过！在英国、美国、法国、韩国、日本，甚至在泰国和中国，这本书都异常火爆。人们在脸书上分享他们的阅读心得——这是只有黑白线稿的无字天书，经典的成人涂色书《秘密花园》。

书中除了 264 个字，几乎全部是图，共有 90 多张，全都是各种叶子、花鸟和昆虫的黑白线稿，都市白领们可以在工作之余拿它来涂色解压，还会很有成就感，妈妈们可以享受亲子协作的涂色之乐，中老年人用以丰富晚年生活，孕妇在无聊时可以涂色来消磨时光，不太能做剧烈运动的病人也可以借此减少病痛感，情绪狂躁或低落的人可以通过涂色让自己安静下来，如果谁有个特别难缠的女朋友，就送这本画册给她当礼物，至少可以享受一个礼拜的清静自在……《秘密花园》与其说是一本休闲读物，不如说是现代都市生活中的"解压神器"！

《秘密花园》涂色书之所以如此火爆，究其原因，有如下几点。

一是童趣感十足。这本书创意新颖、充满童趣，尤其对小孩子的吸引力很大，成年人也会有兴趣。

二是深度体验。完全颠覆以往人们用眼和用心的阅读行为，现在不仅用眼和用心，更要动手，而且可以立竿见影地看到效果，涂色没有标准答案，可以自由发挥想象力，涂成什么样子都可以，结果充满无限可能。

三是充满探索性。涂色书给读者留下了互动创作和自由发挥的空间，涂色的过程也像是在进行一次有探索性的艺术创作，无论有没有美术功底都能一试。

四是具有治愈感。研究表明，涂色有减压的作用，把涂色与治愈人心联系起来，其"艺术疗效"才是涂色书大热的终极密码。

五是充满成就感。涂色完成后发布到社交网络上炫耀成果、交流分享、收获赞誉，也可装裱起来"孤芳自赏"。

六是充满潮流感。任何流行的东西都会引发跟风，"随风起舞、不甘人后"的心态让无数人争先恐后地追逐潮流，也是《秘密花园》畅销的潜在动因。

另外，明星示范和社交网络上的分享也是它风靡全球的重要推手。日本和韩国的很多明星在繁重的工作之余都会用它涂色取乐和减压，而后还会将自己的涂色作品发布在社交网络上，用来吸引粉丝和推高人气，一些热门韩剧也在精彩剧情中"不经意"地植入《秘密花园》的涂色镜头，为这种全新的阅读方式制造了流行感。

《秘密花园》涂色书的畅销从根本上讲在于它颠覆了人类千百年来的阅读行为，为读者带来了触及灵魂的体验魔力。将人们从字里行间吸收资讯的传统阅读模式，转换为从画影图形中延展创意的全新体验模式。这种行为模式的转换最大限度地赋予图书产品独特的吸引力和悦读性，让读者一见钟情且爱不释手，当然更让出版社和发行公司获利颇丰，甚至还带动相关产品的销售增长，据说仅一周时间马克牌高级专业彩色铅笔等绘图工具的销量上涨就超过了50%。

归根结底，《秘密花园》这种跨越国界和文化藩篱的畅销奇迹，与其说是书籍内容创新的最终结果，不如说是体验营销创意的必然产物。

约瑟夫的体验经济学

体验营销是 1998 年美国学者约瑟夫·派恩和詹姆斯·吉尔摩在《体验经济时代来临》一文中提出的。他们对体验营销的定义是：通过看、听、用、参与等手段，充分刺激和调动消费者的感官、情感、思考、行动、关联等感性和理性因素的一种营销方法。

约瑟夫认为，体验营销思维突破了传统上"理性消费者"的假设，认为消费者消费时是理性与感性兼具的，消费者在消费前、消费中和消费后的体验才是购买行为与品牌经营的关键。如当咖啡被当成"货物"贩卖时，一磅卖 300 元；当咖啡被包装为商品时，一杯就可以卖 25 元；当其加入了服务，在咖啡店中贩卖，一杯可以卖 35～100 元；如能让顾客体验咖啡的香醇与更好的生活方式，一杯咖啡就可以卖到上百元。星巴克便是这种体验营销的超级能手和最大受益者！

宜家为什么不怕电商

自 1943 年创立至今，宜家已经成为全球最大的家具家居用品商场。宜家之所以取得如此大的成功，主要是因为它早已将体验式营销融入骨子里。

当人们走进宜家量贩店的时候，所有的产品都是开放式陈列的，很多产品都是可拆卸、可组装的，宜家为顾客提供纸、笔和量尺；客户可以 DIY 组装试用，对产品质量和使用方法当场"验明正身"。

从某种意义上讲，宜家已不是纯粹的卖场，而是休闲和社交空间。卖场布局自然人性，让顾客感觉到宜家就像是出外休闲放松一般，里面设有咖啡店、快餐店和儿童活动区域等。在闲逛购物过程中，累了可以在床具沙发区休息，渴了可以在餐饮区喝一杯咖啡或饮料，也可以吃一份正宗的甜点，甚至小憩一会儿。所以宜家是一个容易让人忘记时间的地方，这就是现在为什么很多实体店留不住顾客，因为大家忽视了一个关键要领就是怎样让顾客忘记时间，愿意停留下来，宜家"体验留客"的经验值得借鉴。

体验中心的独特设计也是宜家营销的亮点之一，它还用"家装设计"思维制造不一样风格的样板间，根据不同的风格进行设计和布置，让消费者与产品零距离接触，把真实的家居生活体验带入现场，充分满足了顾客对完美家装的幻想，有效提升了顾客对品牌和产品的好感度与期待感。

宜家的样板间甚至是可移动的。宜家曾在巴黎地铁站人流集中的中转大厅建造了一间 60 平方米左右的"宜家公寓"。邀请 5 名 30 岁左右、来自不同背景的"室友"在这间小公寓里共同生活了整整一周，任由往来人群驻足观看。他们每天生活的内容被录制下来，上传至 YouTube 与网友分享。这些视频被 300 多家来自世界各地的媒体争相转发，短时间内就吸引了全球众多粉丝的关注和热议，品牌曝光度和口碑迅速提升。

宜家拒绝主动服务，绝不打扰顾客。宜家倡导随性自由的顾客服务理念，不允许工作人员打扰顾客，宜家的工作人员更多扮演的是一个引导者和被咨询者的角色，引导消费者体验和感受产品，一切听从顾客的召唤，让顾客在没有压力的情况下选购自己喜爱的产品。

极致的创意体验营销活动是宜家最值得称道的"吸客大法"。宜家有很多一年一度固定的品牌活动，如圣诞睡衣派对，在圣诞节的时候，宜家邀请很多年轻的会员去圣诞派对，大家都可以穿着宜家提供的睡衣在床品家具区玩游戏、拿着枕头打仗，让大家通过相互追打玩闹来减压并获得身心释放，还可以相互交流。另外，用枕头相互追打玩闹不会造成伤害，还可以充分展现各种家私产品的质量，这种有乐子、有社交、有格调、有创意、有分享和传播势能的活动，又为宜家创造了高关注度。

在宜家进入法国时，曾经在巴黎玩过一个非常"烧脑"的活动——在以家具为"岩石"的攀岩墙攀岩。通常家具都是放在水平地面上的，而宜家却把很多家具固定在垂直的建筑墙体上，做成攀岩墙，那些或大或小的家具都变成了"岩点"，设置奖励鼓励和吸引很多年轻人来攀岩挑战自己。这个活动吸引了很多人的踊跃参与，在整个城市造成轰动效应，宜家的品牌和产品质量形象瞬间便拔地而起。

这样的活动就是营销中的"体验再造"。宜家室外营销的创意过程完成了一次场景转换，把家的氛围搬到公共环境里，把人们习以为常的陈列场景进行颠覆性解构，放到垂直的墙上，这种特立独行的创意很容易激发人们的好奇心，吸引人们参与、分享和自行传播。

在互联网电商盛行的时代，宜家实体店经营业绩很少受到影响，其业绩增长这么多年来从没有低于15%，就是因为它把极致的体验做到消费者无法漠视和抗拒的地步，所以宜家曾自豪地称：我们卖的不是家具，卖的是用户体验！

激发完美体验的三大要领

口说不如身逢，目睹不如手动，心仪不如实证。任何有料、有感和有效的体验都是用心设计的产物，如何创造引人入胜的完美体验，有三大要领必须遵循。

1. 关联顾客利益

基于顾客基本利益和感受，在产品与顾客发生关系的整个过程中注入体验元素，通过顾客与产品、营销环境的亲密互动，激发消费需求、强化品牌认知及品牌黏性，创造口碑和传播势能。

新航是一家享誉国际、世界一流的航空公司。新航自创建伊始，就按照国际最高标准进行经营管理，它经常被评为"最优秀的航空公司""最优秀的商务舱""最优秀的机舱服务""最守时和最安全的航空公司""商业旅行最佳选择"等，基本上每个坐过新航的乘客都会对它赞不绝口。新航为何如此受欢迎？它又是如何成为行业翘楚的呢？

新航以带给乘客最好的体验和物有所值的服务为宗旨，所有的努力都是为了一个目标：创造出其不意的最好效果。归纳起来，新航优质服务有四个特点——细致、专业、热情、周到，具体体现在以下几个方面。

一是温柔贴心的空姐。新航空姐是新航的特色之一。空姐需要经过极其严格的选拔和专业培训，形象要和航空公司的广告模特相仿，航空公司还要随时抽查空姐的体重，过胖或过于消瘦的都会被免职，所有与乘客沟通交流、言谈举止，以及服务细节都非常讲究，很多华裔空姐都会说中文。温婉热情、周到体贴的新航空姐所展现的独特韵致，让每位新航的乘客都会对新航平添更多美好印象。

二是舒适旅程至尊体验。新航经济舱的乘客享受到的服务，比一些航司的服务要多很多，几乎每个经济舱座位都有个人娱乐系统，有些航班甚至配有 Wi-Fi 服务，新航的空中旅程不会让乘客感到单调无聊。

三是精制可口的飞机餐。这也是新航深受欢迎的原因之一。新航是全球首家提供航前订餐服务的公司，聘用世界顶尖名厨，为乘客提供精制餐食。

四是服务细节极致完美。新航对任何一个服务细节都有极其严格的标准，包括餐具如何摆放及摆放的位置，即使出现了哪怕一丁点的误差，负责人就会受到警告。另外，针对不同国籍的旅客也有个性化服务标准要求，航班起降准时准点，乘客生日乘坐新航班机还能获得生日礼品。

2. 经营关键时刻

服务业有一个"峰终定律"，这是由著名心理学家 Daniel Kahneman 提出的。这条定律基于潜意识总结体验的特点：人对体验的记忆由两个因素决定，高峰时与结束时的感觉，无论这种体验是好还是不好，人们感受最深的那个关键时刻，将会决定人们对这次体验的总体印象，这里的"峰"与"终"就是所谓的关键时刻。

宜家就是充分利用峰终定律为整个卖场进行体验设计的，从而成为消费者最爱光顾的实体店铺（见图 7-1）。

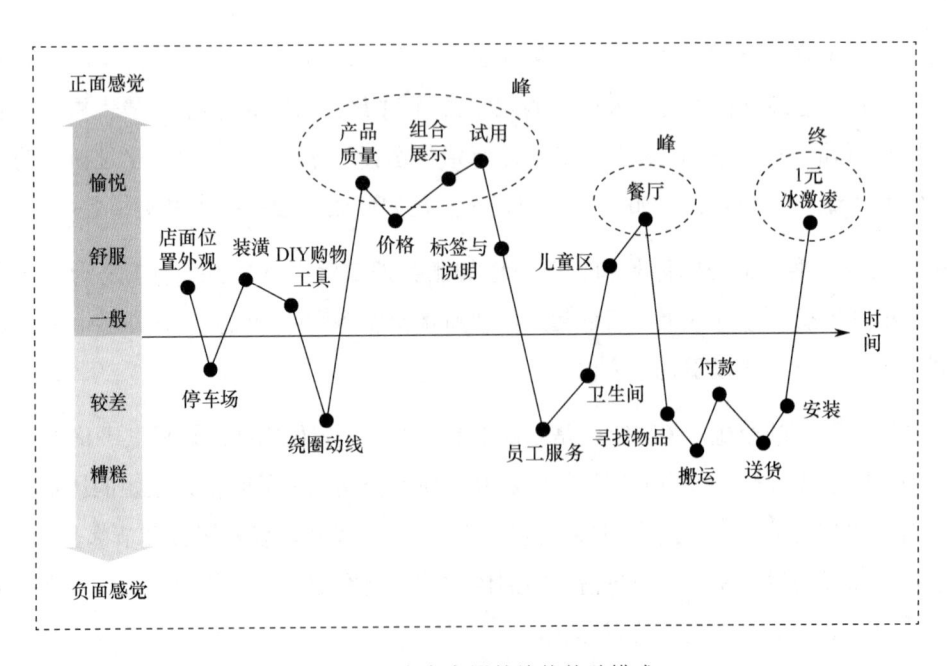

图 7-1 宜家家居的峰终体验模式

宜家的购物路线就是按照峰终定律设计的。虽然它有些环节的体验并不一定尽如人意，如"地形"复杂，哪怕只买一件家具也需要走完整个卖场，工作人员很少，在需要咨询或帮助时找不到人，还需要自己从货架上搬货物，结账排长队，找厕所比较麻烦等，但是它的峰终体验是好的，尤其在一些直接影响购买的关键环节如产品质量、现场 DIY 组装、产品使用及特色餐厅等就能给人难以忘怀的愉悦体验，尤其是结完账后还有一个小惊喜，那就是能品尝到 1 元的冰激凌，就像有些顾客说的那样："对我来说，峰就是物有所值的产品、实用高效的展区、随意试用的体验、美味便捷的食品及一些过程中的小惊喜，什么是终呢？可能就是购物出来后门口那 1 元的冰激凌了！"，有了这些峰终体验，其他差强人意的地方都可以忽略不计了。

如果没有出口处 1 元的冰激凌，宜家的"终"体验可能会很差。所以 1 元的冰激凌看似赔本，却为宜家带来了极佳的"终"体验，成为人们对于宜家美好印象的一个记忆点。人们每每回忆起宜家的购物经历时，都会觉得整体行程非常棒，然而这一切在很大程度上就取决于高峰体验和最后的那个冰激凌的惊喜环节。

古语有云，"其峰愈高，其壑愈深。"世界上越高的山峰，其山谷也越深，越是有杰出成就的人物，越有非常突出的短板，但人们仰慕其高度时往往会忽略其不足，顾客体验也是如此，当大家有了某些美好难忘的高峰体验时，就会忽略那些微不足道的细小缺失。

世间很多让人感觉美好的东西，都是可以被设计出来的。一个品牌不可能做到十全十美，但是如果在"峰""终"处有那么几个让人欣慰之处，就足以让人忽略它的不足，所以创造高峰时刻和终点的极致体验就非常重要。体验设计中最常犯的错误就是投入大量资源做出"有高原而无高峰"的体验，最忌讳的是每一处都下了功夫，却没有一处让人惊艳，所以与其平均用力，不如突出重点，把握几个关键时刻，将资源倾注在高峰时刻和终点，同时尽量补齐短板，这样的体验设计一定会让人产生好感并沉迷其中。

在现实中，很多企业还没有意识到"峰""终"的重要性，忽略对关键时刻的经营，白白地流失了很多可能重复消费的顾客。有些公司把大量的资源拿去减少负面体验，这完全可以理解，在服务至上的时代，绝对不能无视顾客的抱怨，补齐短板是非常有必要的，但是更要集中资源针对关键客户群完善"峰""终"环节的设计。

获得良好服务口碑的重要秘密是"多数可遗忘，偶尔特惊艳"。也就是说，能在"峰""终"时刻给顾客一个很棒的独特体验，哪怕其他绝大多数服务都很平常，顾客就会非常有好感。例如，你住到一个酒店，这里价格不贵，条件很一般，设施也有点旧，本来就是个很平淡的经历，但是这个酒店的服务员有权"玩细节"，在发现你喜欢吃的水果时，会增加你喜欢的品种，而且还是免费的，当你退房时送你一瓶专门定制的饮料，有了这些小细节，你能不给好评吗？

人往往是感性动物，随着时间的流逝，留存在记忆中的往往是印象最深刻的片段，平凡而琐碎的细节则会被逐渐遗忘，由于结尾发生的是离我们最近的事件，给人的印象也会更深刻，和整个过程相比，高潮和结尾比一般环节往往更能代表我们对整段经历的回忆。另外，从心理学的角度讲，人们对某段经历获得的观感不在于全部过程，而在于其中的峰值和关键节点的一些特殊瞬间，瞬间的力量不仅是难忘的回忆，它还能成为某种致命的诱惑！

动人春色不须多，万绿丛中一点红。善用峰终定律对于品牌的打造非常重要，创造好的高峰体验和充满惊喜的结尾是获得消费者芳心最有效的手段，也是"体验行销"最核心、最上乘的创意功法。

3. 调动多种感官

人们体验和感受信息有时不能光靠眼睛，听觉、味觉、嗅觉、触觉、知觉都可以体察入微，我们称之为360度全感官体验和全身心浸入。

所谓全感官体验就是站在消费者的感官、情绪、思维、行动等方面，从空间、时间、场景、行为模式等维度设计能全方位刺激消费者身心的体验方式。全感官体验强调让消费者参与整个营销环节，与产品、品牌和企业之间进行更为深入的互动、沟通并产生主动消费。耐克在这方面堪为表率，他们在美国纽约打造的耐克体验中心就是全感官体验的成功样板。

耐克体验中心有着长达15米的鞋品摆放墙，上面陈列着各种男女鞋款，更有各种限量产品陈列，供顾客选择。

此外，耐克体验中心还针对更专业的运动人士，设有专门的训练区域，包括一台搭配大屏幕的跑步机，顾客能够在上面试跑，让其"在90秒内穿过中央公园"；针对篮球爱好者，设计了一个大约有半个篮球场大小的Nike+ Basketball Trial Zone，里面的篮球架可以调节高度，同样，正对球场的大屏幕可以模拟现实环境，让人觉得是在纽约著名的Dyckman抑或布鲁克林大桥公园的球场打球；针对足球迷们，开辟了一个约37平方米的人造草坪供其现场"炫技"；还有适合女性的专用更衣室和休息室等。

另外，耐克体验中心还设立了个性化定制中心，耐克与当地的艺术家进行合作，可以为顾客的鞋履或衣服做特殊图案的设计定制。在这里，每一位顾客都可以与耐克产品专家进行一对一的交流，以充分的表达自己的需求，店内还有电脑数字平台，可供顾客随时了解产品信息。

当顾客踏入纽约耐克体验中心时，感觉这里并不是一个简单的鞋店或服饰店，更像是一个全景化的运动社区。在顾客选择自己喜欢的鞋子和衣服之后，总是可以找到一个适合自己的运动生活场景，现场体验和看到着装之后的真实生活状态。所以，在这个体验中心内陈列的也不再是简单的产品，而是一种与产品相关的真实运动生活场景，让人穿行其中，时刻感受运动本身的快乐。

体验营销，既要有感觉，更要有"体觉"。只有让顾客感受到全感官的刺激，才能全身心浸入，品牌和产品就会形成无坚不摧的渗透力，迅速触达顾客内心，顾客也会在最短时间内成为品牌忠实的拥趸和口碑传播者。

风行全球的体验式餐厅就是基于"感官体验"的理念，打造的美食乐享空间。美食在过去很长一段时间里都只是单纯的"味蕾的抚慰"，但是有创意、有生意的餐厅除了不断从味觉上无限提升美食的体验标准，还会致力于拓展美食"美"的边界，不仅要吃得美，更要看得美、玩得美，让整个用餐的过程体验"美到360度无死角"。

以色列的 Catit 便是一家这样的餐厅。面对令人惊艳的美食，给食物拍照已经成了众多食客餐前的"必修功课"，为了迎合这一新风尚，帮助食客把店里供应的食物拍得更美，以色列的 Catit 餐厅推出专业的"食物摄影"服务，其最大的愿景便是让顾客吃得开心，拍得更开心。仅凭这一特色，这家餐厅被称为"爱拍照食客的天堂"，吸引了很多食客，餐厅经营业绩也快速提升。

食物的精致和美味带来的味觉和视觉双重享受自不必说，为了满足食客拍照、晒照的需求，这家餐厅专门打造了一套特殊餐盘，每个餐盘都带有放置手机的凹槽，支持各类智能手机放置，另外每个餐盘还设有小转轮，食客可以惬意地坐在椅子上找到自己最喜欢的拍照角度，美食摄影师还会站在身边指导食客，帮助寻找灵感，甚至还有 LED 灯补光服务。

Catit 鼓励食客将照片发在网上。不仅让食客马上收获大量点赞，同时又给餐厅做了免费广告，Forrester Research 的报告显示，在社交网络中，该餐厅用户的活跃度最高。为了能让食物拍出来的效果更美，主厨还特别打造了五道专供拍照的高颜值菜品，不仅装盘样式精美优雅，菜品造型精巧别致，色泽惊艳诱人，让人食欲大增，更让人有"拍之而后快"的冲动！

Catit 的成功之道绝不仅在于其菜品的精绝独特，还在于其努力营造特色鲜明、体贴入微的全感官体验。这种从味觉到视觉和"体觉"的贴心抚慰，不仅拓展了美食享受的体验边界，而且用创意重构了餐厅经营的新模式，自然能收获不俗的业绩，不仅人气爆棚，营业额迅速攀升15%，而且提高了餐厅档次和客单价，一个小时人均消费就近千元。

澳大利亚悉尼港82.30米的海面上空有一处设计独特的"空中餐厅"。这个餐厅是从海边悬崖上自动降落到海面上方的，由钢缆绳悬吊并能随意旋转，一次可供4人同时就餐。这种抬头望蓝天、低头见大海的餐厅吸引了众多冒险者和食客的光顾。

体验营销的创意是无疆界的，既可以从产品消费和试用方式上设计体验，又可以从商品售卖的场景和导购环节上设计体验，更可以从服务的细节上创造更细致入微的体验，还可以从营销传播的角度去构想吸引顾客参与的体验创意。总之，体验可以在品牌营销的每个维度与顾客"不期而遇"，尤其是传播层面的体验设计更是重中之重，好的体验不仅能吸引顾客，更可自带话题和传播流量，让品牌的形象在低成本、高效益的传播中迅速崛起。

在品牌传播的过程中，顾客体验所展现的真实感与可信度不仅更容易引人关注和参与，而且更容易引发热议和再传播，因为体验活动本身就是一种社交货币，容易在社交网络中发酵放大，一个创意十足的体验活动产生的自传播效果远比真金白银制造的广告效果好得太多，所以独特而有魔力的体验不仅能让品牌深入人心，还能让品牌走得更远！

体验行销的四个阶段

对于顾客来讲，体验的产生是全方位的，贯穿产品和品牌的整个生命周期。从产品的消费体验、产品认知过程体验、产品售卖场景体验、交易环节体验、顾客服务体验、顾客情感体验等，每个体验层面都足以引爆石破天惊的行销能量，关键在于我们如何从可琢可磨的顾客行为细节中开发和设计优质的体验创意。从顾客与品牌发生及发展关系的整个流程来看，顾客体验营销设计可以按四个阶段来进行。

第一个阶段是消费前体验设计：主要是指顾客对品牌信息初步了解的阶段，包括产品或品牌信息的搜寻、购买计划、对产品的幻想与预测等，这部分的体验设计主要涉及品牌和产品信息与顾客接触的方式，如何让顾客最方便、简单地了解品牌的基本信息，并建立积极的想象是体验设计的重点。

第二个阶段是顾客购买时体验：主要针对顾客在选购产品过程中的细节体验，包括如何方便顾客进行产品选择、比较、试用、感知并形成认可，还有包装、服务及与环境间的互动服务方式等，这个阶段要下足功夫创造独特的高峰体验，增加顾客的浸入感和认可度。

第三个阶段是核心消费体验：主要是指顾客在消费产品时需求的满足感和满意度，这部分的体验重在核心产品或服务消费过程中美好度的提升，关键细节设计至关重要。如厨房油烟是家庭主妇们最大的"槽点"，过多的油烟容易加剧家庭主妇患肺癌的风险，方太抽油烟机在开发产品时不再以量化的风量、风压这些指标作为开发的目标（因为量化的指标虽然跟产品质量相关，但与顾客的健康没有直接的关联），而是直接提出了一个与顾客最相关而且是最容易感触到的体验标准——"炒辣椒闻不到辣椒味"，用顾客的产品体验作为产品品质标准，一下子就赢得顾客的青睐和首肯。核心消费体验是建立品牌和产品口碑最重要的环节，怎样让顾客对品牌和产品的认同感在某些关键环节被引爆和强化是体验设计的重中之重。

第四个阶段是回忆性体验：主要是指值得回顾与炫耀的美妙体验，回忆性体验主要来自"峰""终"体验环节残留在头脑中的一种生理反应。例如，人们喜欢将自己和明星或大人物的合影变成某种程度上炫耀的资本，在购买某种知名品牌的产品后经常使用以彰显自己独特的品位等都是回忆性体验，回忆性体验也存在于各种思想与产品之中，人们反复使用餐厅、折扣店和其他不知名地方的礼品袋，包括最后的销售赠品也能产生回忆性体验，网络上的评论、博客、帖子或其他形式的内容，都是一种回忆性体验，回忆性体验是整个营销体验的终极目标，让顾客经常回忆、称道和炫耀体验产品的经历，是对品牌的最高褒奖，也使品牌形成口碑传播，所以回忆性体验的实质就是顾客对完美"峰""终"体验的理想回馈，它是企业在所有体验环节成功设计的完美集成！

　　无论哪个阶段的体验设计，都必须把握一个基本原则，创造完美体验的目的绝不是为了补齐短板，而是为了创造高峰体验！

食髓知味，欲罢不能

最长情的怀念和最深刻的记忆一定藏在那些充满美好体验和值得玩味的经历中。美好的体验不仅能让人刻骨铭心、回味无穷，而且还能让人沉醉上瘾，最终变成忠诚度高的长期顾客。市场总是奖励那些善于换位思考、能够感同身受地为顾客创造良好体验的公司，这是顾客体验创新的基础，如果你的企业做了一些令人感动和萦怀的事情，顾客一定会更频繁地选择你，开心地为你花费更多，然后乐不可支地将你推荐给其他朋友……这就是成功的体验营销必然带来的良性连锁反应。所以，未来真正能够扎根人心并赢得顾客的，一定是善解人意、善玩创意、善于"智造"独特体验的知心企业！

本章内容要点温习

1. 如何激发完美体验？
2. 体验行销有哪四个阶段？

第8章 借势用巧

君子生非异也,善假于物也。

善战者，求之于势，不责于人

在这个百业融合的时代，行业与行业之间的边界已经逐渐消失，没有一个行业可以画地为牢孤立存在，行业与行业之间的彼此渗透关联和相互影响正在不断加强，形成包罗万象的商业大生态。在这个商业大生态里，各种业态之间在商业运作和营销行为上的借势联动已成常态。

孙子兵法里有句话叫"善战者，求之于势，不责于人，故能择人而任势。"意思是说，一个善于带兵打仗的将军追求的是如何形成有利的作战态势，而不是一味苛求部下发挥勇猛无畏的战斗精神，这就说明了"势"的重要性，这里的势就是外部的能量。

说到这里，我想起经常在课堂上讲的一个故事。法国有一个劳改犯收到老婆的一封来信，信中提到家里要种土豆了，但他老婆体弱多病，无法从事翻耕土地这样的重体力活，季节不等人，不知如何是好。

这个犯人看完信后思考了一晚上，第二天就给他老婆回了一封信："你千万记住，咱家后院那片地千万不要翻挖，我曾经买了很多枪支弹药埋在里面……"

这封信发出去没过多久，他老婆就回信告诉他："前几天家里来了几个调查人员，说要搜查枪支弹药，把我们家里后院那块地翻了一个底朝天。"

这时候他立马回信给老婆："你现在可以种土豆了！"

很显然，这个犯人骗了狱警，借狱警之力免费为其打了一次短工。我们都知道，全世界的监狱管理都有一个共同的法规：犯人在服刑期间会被剥夺人身自由，所有个人行为都必须受到监管，包括对外通信联络。这个犯人就利用管制法规反向操作，故意给老婆写一封危言耸听的回信，回信寄出时肯定要经过狱警审查，当狱警从信中得知他家里藏了大量枪支弹药后，肯定会派人到他家里掘地三尺进行搜查，最终结果当然是一无所获，却给正好给他做了一次翻耕土地的"义工"。

我们这里讲的只是一个笑话而已，这种钻法规的空子欺骗执法人员的事情是绝不能效仿的。这里举这个例子只想说明一个问题，就是当你自己感觉对某些事情力有不逮的时候，一定要学会借助外力。

好风凭借力，送我上青云。中国近几十年来，"牛人大腕"层出不穷，尤其是很多快速蹿红的娱乐明星，他们之所以能从众多竞争者中脱颖而出，并不一定是他们才艺超群无人能及，很多时候都是外力促成的结果。如春晚、星光大道等造星平台都是艺人们快速蹿红、一夜成名的重要推手，如果没有这些平台的助推，相信很多明星仍然是默默无闻的。可见，充分且有效地借势是成就人生和事业最高效的手段之一。

企业通过借势推广品牌并提升市场竞争力更是至关重要且行之有效的经营战略。品牌通过借势取得成功的案例比比皆是，2017年5月，"一带一路"国际合作高峰论坛在北京举办。此次高峰论坛规模空前、全球瞩目，上汽大众C级高端轿车辉昂（PHIDEON）继入选国宾外事接待指定用车后，又成为"一带一路"国际合作高峰论坛国宾车队用车。共计50辆辉昂为出席这次"一带一路"国际合作高峰论坛的嘉宾提供了令人舒适、愉悦的用车服务，通过这次高曝光度的活动，辉昂非常成功地在国人心中树立了"国宾接待用车"和"政商用车"的品牌形象。

史丹利如何借力权威

中国化肥领域有一个龙头企业叫史丹利,该企业曾与中国三大农作物的顶尖种子专家(杂交水稻专家袁隆平、杂交玉米之父李登海、杂交小麦专家李振声)领导的科研中心达成战略合作,依托史丹利的高科技肥料,在全国范围内成功推广"良种良肥"工程,成功建立了"中国高产专家"的品牌形象。

史丹利策划这个主题推广活动是大有深意的。农民增产增收主要靠两样东西,一是种子,二是肥料。史丹利确定这个主题意在告诉广大农民,想要多打粮食多增产,除了需要科学家研发的良种,更需要好的肥料。史丹利通过这样的主题活动将自身产品与权威专家的高产良种巧妙绑定,不仅给农民增产增收提供了最佳解决方案——良种+良肥=高产,同时通过这种比附关联的方式极大地强化了史丹利在广大农民心中优质的高产专家形象,最终非常成功地将史丹利塑造成中国名列前茅的化肥品牌。

史丹利就是充分借助国内顶尖种子专家的影响力和公信力,通过增产增收这个与农民核心利益紧密相关的话题,将专家的良种与自家的良肥进行合理关联,成功凸显了史丹利科技、专业、优质、高效的品牌形象。

借力用势五大法门

企业究竟应该如何正确借助外力助推和成就品牌，归结起来有五种方式，简称"借力用势五大法门"，分别是：顺势而为、导势而动、借势而上、造势而起、合势而进（见图8-1）。

顺势而为 + 导势而动 + 借势而上 + 造势而起 + 合势而进

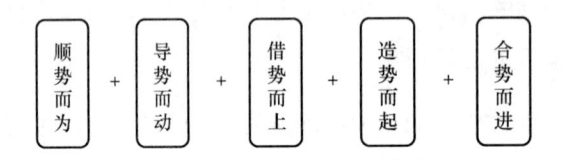

图 8-1　借力用势五大法门

1. 顺势而为

顺着某种情势和既有力量方向采取行动，通常说的顺势而为、乘势而上，包括曾经被鼓吹的"风口论"，古人讲的御风而行都是这个意思。顺水推舟远比逆水行舟更易得到事半功倍之效。放眼古今中外，多少英雄豪杰都难逃时代的大浪淘沙，不管如何雄才大略智勇通天，凡不知顺势而为者，注定前路步履维艰，甚至还可能被率先淘汰出局，可见顺势而为何其重要！

营销是一个由提前预测变化并在变化之前赶上市场潮流为主导的领域。如近几年社交电商迅猛发展，网络红人直播带货风起云涌。商务部大数据监测显示，2020年一季度电商直播超过400万场，与去年相比增长达120%，据统计，2020年在线直播用户人数达2.5亿左右，直播电商市场规模接近万亿元水平。中国进入了无门槛、全民化的直播暴发式发展的时代。

除了目前直播界的"顶流"李佳琦和薇娅等人活跃在直播间，企业家们更是不甘落后，成群结队走进直播室，携程联合创始人梁建章、格力的董明珠等跟风带货更是不在话下，尤其董明珠一骑绝尘的带货业绩已成为业界传奇。

迄今为止，董明珠直播带货前前后后已做了多次，每次都在以销量倍增的节奏刷新纪录，销售额分别从第一次的 22.53 万元、第二次的 3.1 亿元、第三次的 7.03 亿元、第四次的 65 亿元到第五次冲到"百亿之巅"。

直播带货行业的大爆发也是外部势能推动所致的，如 5G 技术的来临、智能手机的普及、畅通的电商网络、简单方便的支付方式、快捷发达的物流、"宅"经济时代大众消费线上化等，都是直播带货"星火燎原"的直接动因。

2. 导势而动

导势而动就是指企业对可能出现的消费趋势或自己创造的新消费方式进行先声夺人的引导和预热，以求激发和拉动消费的一系列创意策略和手段。

20 世纪 20 年代，美国人的早餐标配是煎鸡蛋加面包，再配上果汁或咖啡，培根生产商毕奇纳公司为了将培根加入美国人的早餐，从营养学的角度连续向近 5000 名医师进行调查咨询"丰盛的早餐和简单的早餐，哪个更有益健康？"

结果有近 4500 名医师认为"丰盛的早餐更有益健康"，之后毕奇纳公司在全国发行的报纸上发布题为"为了美国人民的健康着想，4500 名医师建议早餐要吃得更丰富"调查新闻，而后给美国人民建立了一个以培根为标配的"丰盛早餐"的标准，从此之后，热爱健康的美国人民头脑中形成"丰盛且健康的早餐应该吃培根+鸡蛋+牛奶……"的认知模式，培根的销售量因此直线飙升。

革命性的营销策略不仅是为了扩大传播、提升销量，还可以彻底颠覆和重构消费者的生活习惯。借助向近 5000 名医师询问同一个问题并获得预期的有价值的答案，是一个放大新闻价值和传播势能的重要策略，通常找一个或几个权威人士并不足以取信于民，但当借助近 4500 名权威医师的权威倡导时，新消费方式的公信力就会被无限放大，另外将低频次产品与高频次生活场景紧密关联并凸显其价值，也是提升新产品消费频率的高效用势手段。

时至今日，美国人每年消费培根的总量多达几十亿美元，而且还在持续增长。目前，美国境内用培根做的料理就超过 2500 种，已经远远超越了火腿、香肠等其他猪肉加工产品，无论早中晚餐，培根的食用方式和场景都更加多元而广泛了，培根已然成为美国人民的主要食品之一。

在新冠肺炎疫情导致的消费量下降后，为释放积压已久的消费潜力，在 2020 年五一小长假前夕，我国多地政府和相关企业纷纷推出促进消费的惠民行为及市场预热活动，如密集派发消费券，各大电商平台通过各种直播带货引导消费，并辅以数字化消费券蓄积消费能量，取得了良好的效果。

如自2020年4月28日起，中国商务部推动了第二届"双品网购节"，贯穿整个五一小长假并一直持续到5月10日。这次网购节有超过100家电商参与，阿里巴巴、京东、苏宁、拼多多等电商平台纷纷上线促销活动，还推出柔性定制、直播带货等新模式。在阿里巴巴旗下的各电商平台上，消费者可领取多种消费券、旅游券等。

除传统的电商模式外，很多政府官员、企业家在新冠肺炎疫情期间走进直播间，推介地方特产或公司产品，取得了令人瞩目的成绩，同时也让网络直播成为一种拉动消费、推动产业发展的高效营销手段。尤其在新冠肺炎疫情期间出行受到一定限制，消费市场被极大压缩的形势下，通过积极的消费预热、普惠大众的消费引导，以及安全便利的消费管道重构，不仅实现了在安全可控前提下可预期的消费增量与市场回暖，而且还有效促进了传统产业线上线下的成功融合。

以上种种说明对潜在的趋势和消费需求要有精准洞察和正确预判，而后因需制宜，采取行之有效的手段，最大限度地将消费者需求引导和激发出来，是成功导势的关键所在！

3. 借势而上

骑在好马上的三流骑士远比骑在劣马上的一流骑士风光得多。营销的一个最重要的原则就是学会借势，即企业要充分利用一切有助于品牌传播或产品推广的外力，如广受关注的社会新闻、热点事件、高光人物或特殊资源等，通过创意策划将其转化为行销的力量。

赞助电视节目《爸爸去哪儿》的英菲尼迪为什么能火遍中国？

"老爸，老爸，我们去哪里呀"，伴随着《爸爸去哪儿》这档节目的火热播出，这首歌也响彻了大江南北。而与节目全程相伴的明星家庭唯一座驾——英菲尼迪JX也成为家喻户晓的豪车品牌。英菲尼迪的这次的赞助活动可谓相当地成功。在《爸爸去哪儿》节目播出期间，英菲尼迪的销量大幅增加，一举成为市场上最热销的豪华七座SUV之一，这个诞生于北美地区的豪车品牌终于在中国市场上得到了快速扩张。归结起来英菲尼迪赞助活动取得成功有四大原因。

一是对节目的影响力和价值有精准的评估。在决定赞助《爸爸去哪儿》之前，英菲尼迪团队对节目属性和传播价值做了详细评估，考量内容包括它是引进节目还是原创节目、节目播放平台的收视情况，以及参与明星等。

二是产品、品牌理念与节目高度契合。英菲尼迪团队认为，《爸爸去哪儿》这档节目调性很好，节目借助明星家庭的影响力鼓励人们把更多的时间分享给家人，其中也涉及一些自驾出游的内容和画面。英菲尼迪 JX 的产品理念是"给自己和爱的他们多一点时间和空间"，与这档节目的价值导向非常契合，同时，几位明星也与英菲尼迪品牌目标人群——具有年轻心态的高端消费者高度契合。

三是有更多的体验活动和更深的情感触动。在《爸爸去哪儿》第二季中，英菲尼迪除了赞助节目外，还推出了首个跨界聚焦亲情的多维度体验平台——敢爱亲情季。英菲尼迪通过该平台聚集了多个行业的领军品牌力量，通过产品植入、网络视频、亲子自驾游、亲子时尚、儿童卡通和青少年体育等项目，全面覆盖全国各大城市，渗透了英菲尼迪全国众多经销商。

四是《爸爸去哪儿》节目的热播成为英菲尼迪最大的助燃剂。《爸爸去哪儿》从舞台秀走向真人秀，不仅成为名副其实的"口碑王"，还使娱乐节目发生了很多微妙的变化，让明星从过去单纯的才艺展示进化到家庭生活与情感的展示，节目更具生活气息和真实性，更易引发人们的好奇、关注、共鸣和认同，节目的热播对其赞助商品牌形象的助推效果是不言而喻的！

最让人暗自叫好的借势就是"青花郎，中国两大酱香型白酒之一"的品牌宣传语。在青花郎之前，很多中国人心目中只有一个品牌是酱香型白酒的代表，可是青花郎却用"两大酱香型白酒之一"的定位表述，堂而皇之将自己与国民公认的行业老大相提并论，而且显得颇为有理有节，既承认和尊重了行业老大的既有地位，又让自己"贴边上位"，形成了与对手"两雄并立、和谐共处"的双赢局面。

借势的另外一种俗称叫"蹭势"，即借助某些高光人物和事件的社会效应和影响力达到推广产品的目的，蹭热点、蹭节日、蹭电影、蹭人气……总之，没有蹭不到，只有想不到。这种蹭势营销不仅增加了产品的曝光度，提升产品形象和认可度，最关键的是对消费者需求的引导和激发起到了重要推动作用。

4. 造势而起

造势而起，从字面上理解是制造声势的意思，目前，多用于企业、个人为了提高品牌或个人影响力、刺激市场反应、促进销售等目的而采取一些措施。

英国知名作家毛姆在成名之前的生活十分穷困潦倒，他的小说《人性的枷锁》完稿后，由于资金和知名度不够，没有出版商愿意为其出版。

毛姆在山穷水尽之时急中生智，在当时发行量最大的报刊上登了一则令人注目的征婚启事："本人喜欢音乐和运动，是个年轻且有教养的百万富翁，希望能找到与毛姆小说中的女主角完全一样的女性结婚……"由于在报纸上登征婚广告在那个城市还是第一次，因此受到了很多人的关注，尤其女性读者都急于知道这个富翁心中的理想对象是什么样的，而男性读者也不甘落后纷纷打听在哪儿可以买到毛姆的这本小说。没过几天，就有出版商主动找到毛姆，要求出版这本小说，而且稿酬非常高。小说出版后很快就被抢购一空，后来虽然出版商多次加印，但依然很快被抢购断货。

毛姆通过炮制别出心裁的征婚广告一举成名，并凭借着这部小说奠定了他在英国文学史上的地位。

在全球大多数蜡像艺术展览馆入不敷出、经营困难时，杜莎夫人蜡像馆能一枝独秀火遍全球，这是为什么？

杜莎夫人蜡像馆是全世界水平最高的蜡像馆之一，是由法国蜡制雕塑家杜莎夫人创建的，其中有众多世界名人的蜡像。晚年的杜莎夫人带着她的蜡制雕塑辗转到了英国，在伦敦贝克街建立了第一个永久性蜡像艺术展览馆——杜莎夫人蜡像馆，现为全球第二大休闲娱乐集团——默林娱乐的核心产业之一。杜莎夫人蜡像馆的成功除了神乎其技、令人叹为观止的蜡像制作技艺，善于做营销造势也是其广受青睐的原因之一。

打造"名人俱乐部"是成功造势的第一招。杜莎夫人蜡像馆最显著的特点便是所有展出的作品绝对是自带名人效应的蜡像，展览馆里摆放的都是全球政、商、娱乐和体育界名人的蜡像，"名人们"的形象无不惟妙惟肖、鲜活逼真、自带吸引力。

精心选址、善借区位流量优势是成功造势的第二招。杜莎夫人蜡像馆无一例外都选在了当地交通最方便、人流量最大、最繁华的街区或旅游景点，充分利用区位高流量优势吸引顾客。

善用事件营销是成功造势的第三招。杜莎夫人制作完成的每一尊名人蜡像，在进馆时都需要举行入馆揭幕活动，利用蜡像本尊如成龙等明星到场造势引流。

跨界联盟、广泛借势是成功造势的第四招。一个静态的展览馆要想盘活，必须依托关联业态的带动，杜莎夫人蜡像馆深谙此道，与各地的旅游团合作吸引游客，还与世界知名企业如环球电影公司合作"怪物史莱克"展区，不仅活用展馆空间资源，而且提升了项目格调和观赏度。杜莎夫人蜡像馆作为一种体验要素先天短缺的文旅产业，能够长期维持高人气、高热度和高收益率，靠的就是"精心智造"并已形成内生动力的独特势能。

5. 合势而进

合势而进意为相关行业通过跨界合作,创造强大且持久的势能。

在好玩中运动——当夜店遇上了健身房,会发生怎样奇妙的化学反应?

当越来越多的健身房会员流失严重、经营难以为继时,北京有些健身房却能逆市而上,通过与夜店元素的结合让健身房的生意再度翻红。

一进健身教室的门,时尚气息就扑面而来,特制音乐律动超强,室内灯光效果惊艳,原先骑单车的单调,在用心编排下被重新定义。在4D多媒体效果的教室里,教练带着学员一起跟随特制音乐律动变速踩踏单车,同时教练还在描述不同地形的场景和画面,把大家的神思带到充满运动快感的大自然,短短几分钟就大汗淋漓。

在愉悦中挥汗,听到的是震撼心跳的BOSE立体声混音,感受到的是挥汗如雨的酣畅淋漓,最终得到的是脂肪化成汗水的喜悦——45分钟"甩肉两斤"!

定制化的音乐、炫酷动感的氛围、煽情的教练,没有了传统健身房的单调、乏味和运动负荷,有的是劲爆、动感和欢乐氛围的感染,使会员能开心忘情、乐此不疲地投入当下的运动。

将健身房与夜店模式有机整合,便是典型的合势而进。这样的合势之策也是基于对会员三天打鱼,两天晒网,容易养成懒惰心理的洞察,通过音乐娱乐元素的植入和设计,重塑运动健身的体验模式,将疲惫、需要自律的健身运动与娱乐结合,使会员能真正体验运动的乐趣,形成健身的习惯,进而从根本上拉动健身房的"吸客"能力和运营绩效。

相关是"神"

这里需要特别说明的是，企业在采取借势策略时，不是什么外力都可以被借用的。借势营销必须先考虑所借之势与产品或品牌之间的相关性，一场与企业产品风马牛不相及的借势营销不仅于事无补，而且会对品牌造成致命伤害。

前些年，神舟飞船有很高的关注度，蒙牛借势航天营销的成功也带来了很多跟风者。国内某白酒品牌将自己炒作成"中国航天专用庆功酒"，牵强附会地将酒与航天关联在一起，不仅没有赢得大众的认同，而且还招来大量的"吐槽"，因为人们觉得航天事业是理性、神圣而严肃的，把喝酒与其关联在一起是不合适的。等神舟六号飞船返回后，再也没有见到该产品在市场上的踪迹，该产品借势营销的失败，就在于产品与所借之势缺乏必要且合理的相关性。

相关性是指事物之间产生联系的某种合理与可能性，产品或品牌与所借之势必须有某种积极且正面的关联，这样的势方能为我所用。

美国沃尔玛超市曾经用"啤酒+尿布"的策略创造销售双赢的奇迹。沃尔玛在夏季单品销售数据分析中发现，销售频次和出货量都最高的两类产品分别是啤酒和尿布。细心的分析人员又发现，购买这两样东西的竟然是同一群人——年轻的奶爸们。原来，美国的妇女通常在家照顾孩子，她们经常会嘱咐丈夫在下班回家的路上为孩子买尿布，而丈夫在买尿布的同时又会顺手购买自己爱喝的啤酒。沃尔玛发现这一现象后，决定将啤酒与尿布摆放在一起，因为这样更加方便了奶爸们购物，结果带来了两者销售量的剧增。

啤酒与尿布原本是风马牛不相及的两个事物，但是因为有了既要买尿布又要喝啤酒的奶爸这个"关联物"后，只要将两者捆绑起来就可促进销量的增长。

无论怎样运用"借势用巧"的创意策略，事物之间的关联性是策略成功的"活的灵魂"，品牌与所借之势只有建立在相互关联的基础上，才具有相得益彰、相互加持的合理性。如果品牌或产品与所借之势缺乏应有的关联，就无法形成有效的结合，无论怎样折腾借势、造势或用势的游戏，注定是"一场游戏一场梦"，最终剩下的必定是一地鸡毛！

趁机用势 12 字法则

通常要借势,首先要善于发现和捕捉"势",势能一般蕴藏于三大要素中:变化、趋势和资源。如何在这三大要素中准确地发现和运用好所需势能,这里有一个 12 字法则,即"观大势、识小情、懂众生、抓机遇"(见图 8-2)。

观大势 ⇨ 识小情 ⇨ 懂众生 ⇨ 抓机遇

图 8-2　趁机用势 12 字法则

"观大势"就是要预见到所在行业及市场未来 5~10 年演变的脉络,清楚地看到未来发展的大趋势在哪里。如 5G 时代的来临、产业智能化,以及全球商业一体化会带来哪些新的变局?我们怎样才能更好地顺应和利用这样的变局?要有哪些相应的对策?这些应运而生的对策就是远观大势的结果。

"识小情"就是要看清当前社会发展和行业竞争态势正在发生怎样的变化,在这些微妙的变化中,有哪些契机能够为我所用。如竞争格局的微妙变化、正在发生的热点事件、新的社会潮流和消费趋势等,在这样的变化中蕴藏的契机在军事上讲就叫战机,只要抓住并善加利用这些战机,就能在瞬息万变的形势中开创新的局面。

一向善于从社会新闻和热点话题中找创意的"神段子手"杜蕾斯,在这一点上做得相当出色。杜蕾斯曾借用北京的一场暴雨占据新浪微博热搜榜榜首。某微博网友发布了一条"北京今日暴雨,幸亏包里还有两只杜蕾斯"的微博并配了将杜蕾斯当作鞋套的照片,该条微博在极短的时间内就被转发了 100 多次。当日 18 点,杜蕾斯官方微博转发该微博并评论,而后的一个小时,该条微博每分钟的转发和评论都以数百条的速度增长。截至第二日下午 1 点,该条微博被转发超过 7 万次,杜蕾斯也随之登上了微博热搜榜。

"懂众生"就是要深刻洞察大众的价值观、生活方式、需求痛点和情绪变化状态。尤其在社交电商时代,更需要洞察大众的价值观念、生活态度、消费方式和人际关系在发生怎样的变化，在这些变化的中有哪些商机正在潜滋暗长……

"抓机会"就是在"观""识""懂"的基础上捕捉最有爆发力和增长力的机会，用别开生面的创意将其转化为有实际效果的传播策略和执行手段。

若素良品曾在淘宝上推出了一款"关你屁事"帆布包，针对一些年轻人经常遭遇亲友们"爱心拷问"的尴尬场景，主动就结婚、生子、减肥等尴尬话题，在帆布包上印制"回怼"文案，用"关你屁事"的霸气口吻"封堵"亲友们的嘴，引起众多年轻人的共鸣和认同，从而也带动了"关你屁事"帆布包的热卖。

若素良品之所以能想到开发这款让年轻用户趋之若鹜的"解忧神器"，就是因为关注到社会上正在出现一种让年轻人不堪其扰的"爱心拷问"，如何规避这种充满"善意毒素"的拷问已经成了很多年轻人的心结，这样的现象引起社会的广泛关注，而且社会关注度已达到一定峰值，在这种社会注意力峰值的基础上顺势推出具有"堵口神效"的"关你屁事"帆布包，为年轻人化解尴尬及时提供"神助攻"，其畅销自然就是顺理成章的事了。

好风凭借力，送我上青云

趋势大于优势。如何走对正确的道路，最有效的方式莫过于站在未来看现在，而不是站在现在看未来，更不能站在过去看现在！李嘉诚所有的成功都可以归结为一句话——"用心思考未来，抓对重大时机"，潜台词就是看清形势用好外力！

识时务者为俊杰，我们只有顺应时代，抓住外力用对势，看准方向做对事，才能在变化万千的时代御风而行、领跑未来，不断谱写新华章！

本章内容要点温习

1. 借力用势有哪五大法门？
2. 如何趁机用势？

第 9 章 汇集百工

宁鸣而死,不默而生。

凡有井水饮处，皆能歌柳词

"凡有井水饮处，皆能歌柳词。"这是南宋叶梦得对北宋著名婉约派词人柳永的评价。这句话虽然简短，但信息密度很大。一方面说明柳词在当时风靡一时，流传四方，无论是在民间还是在当时的文坛都有着极高的传播度和影响力。另一方面也揭示了一个很重要的传播规律：柳词之所以风靡，除了内容通俗贴近民生，老百姓喜闻乐见，还有高效的传播平台和积极的传播者。首先，"井水饮处"是两宋时期最活跃、最密集的市井社交场合，老百姓日常生活信息交流大多发生在这里，人们一边洗衣、洗菜、汲水，一边话家长、闲聊八卦，因此"井水饮处"成了那个时代大众交流和信息传播的主要阵地；其次，是脍炙人口的传播内容，柳永的词作通俗亲民、好记易传；最后，也是最关键的是有积极的传播者和易感人群，就是那些喜欢风闻言事、飞短流长的家庭主妇和游民走卒们，他们成了那个时代最强劲的"舆论鼓风机"和信息散播源。由此可见，"井水饮处"及流连于井台边的市井小民才是柳词得以疯传的最大风口和最佳推手。

高效且强大的传播，取决于三个关键要素，除了有鲜活易感、引人入胜的内容，还需要精准到位的传播策略与快速疯传的传播平台，三者合力聚势，缺一不可。

一瓶青春小酒的成功逆袭

江小白是在整个白酒业的"冬天"崛起的，从 2012 年 3 月正式上市，2013 年下半年实现盈利，全年销售额达 5000 万元，一年之内即达到综合收支平衡，大大缩短了传统食品饮料长达 3 年以上的品牌培育期，并且以较低的成本，在一年之内就在消费者心中树立起"我是江小白"的品牌形象。

什么原因让江小白能在竞争惨烈的白酒市场中横空出世、迅速崛起呢？

别开生面的错位竞争策略是江小白在红海里成功胜出的关键。江小白一改传统白酒品牌习以为常的"四高（高端人群、高尚品味、高级生活、高深技术）定位法"，针对那些不太懂酒却想尝试的年轻人，以青春的名义为他们打造了一款"青春小酒"，非常清晰地定义了江小白产品的特质：属于年轻人的轻口味，适合小聚小酌、宣泄小情绪的小瓶装白酒。既区隔于传统白酒的人群定位，又开创了一个传统白酒长期忽视的潜在市场——年轻人的白酒市场。

一切实效营销都是建立在迎合消费者需求的基础上的。年轻化、时尚化和轻便化是面向年轻人的产品的基本特点，同时，结合互联网电商的要求，海量、单品、微利、娱乐感便成了江小白产品开发的核心原则。只有一款小曲清香型产品，分为 100 毫升、125 毫升、300 毫升三种规格，在口感上更加纯净柔和，还带有稍许甜感；在饮用场景上提供给消费者更多的选择性，有多种时尚的喝法，消费者可以根据个人喜好加冰块，还可与牛奶、红茶、绿茶、柠檬、王老吉、红牛及苏打水等软饮混合调制充满个性与创意的"小白混饮鸡尾酒"。江小白的产品包装则力求简单、清新、年轻而有识别度，选用简单环保的磨砂玻璃小瓶装，对于很多酒量不大、酒瘾不小的年轻人来说，一次性喝完刚刚好。这就在产品层面完成了年轻化、时尚化的创新，同时也向年轻的消费者传递了一个全新的消费主张：江小白是年轻人的情绪化酒精饮料。

独特的包装文案策略让产品自带社交功能，是江小白能够很快打开消费者内心世界的又一灵巧法门。江小白把包装文案当成一个系统工程，瓶子上那些对味、应景、共鸣感极强的文字看似闲言碎语，实则经过精心设计，每段文字都是从年轻人内心深处自然流淌出来的情感独白，承载着他们的喜怒哀乐和悲欢离合，这些或苦情、或温情、或自我矮化、或意气风发的"酒话"，都至情至性，能将人带到某种与饮酒相关的情境里，成为瞬间点燃情绪的社交货币，无形之中就感染和吸引着一批又一批的年轻人。

江小白实质上是一个成功的内容电商品牌，它始终坚持互联网思维的核心，充分考虑消费者的社交需求，用文案赋能产品、使其具有社交属性，不仅将酒瓶子变成了受人追捧的社交工具，而且承担着极其重要的引流功能，激活线上线下的消费增长。

有了文案这种引爆情绪的导火索，微博、微信自然就成了品牌与消费者最好的互动平台，粉丝们自发地在这些平台上热议、分享，进行信息再加工，相比于传统媒体渠道，江小白这种让消费者自行参与、主动传播的方式不仅最大限度地强化了传播效能，而且还极大地降低了传播成本。

在高烈度竞争环境下，无论是品牌定位、产品设计、供应链优化、还是渠道管理，不仅每一个手段要精准有实效，更需要将其形成合力。江小白将自己定位成年轻人的青春小酒，因此从包装、文案，到品牌形象及渠道设计，都得符合年轻人的生活轨迹和行为习惯。由于年轻人经常扎堆于露天大排档、街边小餐馆、火锅店及小卖部门口等，所以这些地方都成了江小白产品展现和品牌信息输出的重要渠道，总之在一切年轻人可能产生消费的场景里，都能看到江小白的产品，以及那些瓶子上俏皮且对味的"酒话"。

观影是"80后"和"90后"的重要娱乐之一，所以影视剧植入成了江小白传播策略的当然之选。2016年，电影《火锅英雄》在重庆拍摄，基于酒水与火锅的天然关联，江小白"因剧制宜"，将产品植入最贴合的剧情和场景中去，既自然而充分地凸显品牌形象，也使得电影情节更具现实感和说服力，还让每个电影观众产生了"涮火锅应该喝江小白"的消费认知，为产品动销提供了现实的消费引导。

除此之外，还有《小别离》《好先生》等诸多与年轻人生活相关，尤其是充斥大量喝酒情节的影片，都是江小白植入传播的策略选择。除了将品牌元素合理植入影片，借助院线热播形成的声势，江小白还推出了各种营销活动，通过线上线下的联动，形成了更为声势浩大的片外二次传播，网上的视频剪辑、微信H5页面、微博等新媒体、江小白"火锅英雄版"主题包装、餐饮店海报、地铁广告牌、电梯广告牌、火锅店广告牌、路边广告牌等多维场景共同发声，构成了江小白品牌360度的"立体环绕声"。

深谙品牌传播之道的江小白，其青春小酒的独特定位、个性时尚的产品形态、另类创意的消费方式、青春骚动的人格表征、触及灵魂的情感宣泄受到了年轻人的喜爱。同时，江小白还可以很时尚、可以很个性、可以很话痨、可以玩追剧、可以随意定制，总之可以有很多符合年轻人个性的另类喝法与玩法，让产品自带流量、不行而销，让一瓶不像白酒的"青春小酒"，以无孔不入和不可思议的力量迅速走进年轻族群的生活里，成为中国第一时尚白酒，年销售增长平均保持在100%，5年就做到年度销售额达10亿元。

品牌的目的永远是解决产品与人的关系问题。一个品牌除了有优异的产品、独特的定位、精彩温热的故事包装及全新的生活范式，还要有精准、高效、无孔不入的传播手段，让其真正走入人心并出现在消费者生活里。江小白"青春小酒"品牌形象的成功打造就践行了这一"行销真理"，这种整合一切可以承载信息、触及受众的有实效的传播工具和创意传播手段，成功发动多维一体的实效传播工程，就是我们今天要重点诠释的品牌传播方法论——汇集百工！

品牌传播的 5W1H 法则

企业如何才能做到汇集百工呢？只要遵循品牌传播的 5W1H 法则（见图 9-1），便可以正确务实、不做虚功地构建清晰且靠谱的品牌传播策略蓝图。

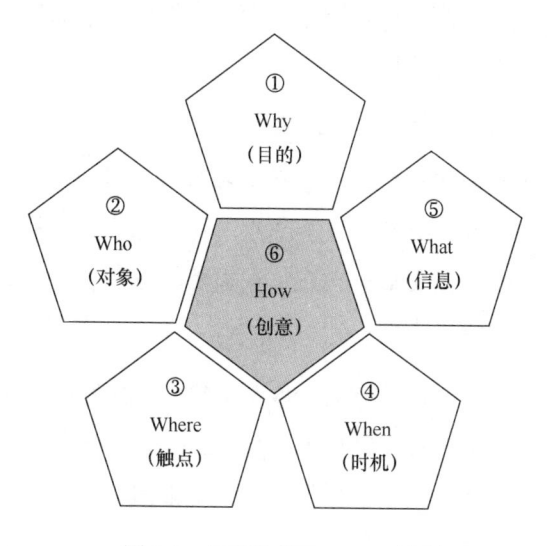

```
        ① Why（目的）
② Who（对象）   ⑥ How（创意）   ⑤ What（信息）
        ③ Where（触点）   ④ When（时机）
```

图 9-1　品牌传播的 5W1H 法则

第一个 W 是"Why"，万法皆由目标始。营销传播的第一步就是要正确清楚地界定传播目标，做到有的放矢。阎锡山曾经问其幕僚赵承绶什么叫政治？赵引经据典，滔滔不绝，阎笑道："没那么复杂，所谓政治，就是让对手下来，咱们上去。"阎又问赵什么叫宣传？赵又洋洋洒洒，谈古论今。阎更加不屑："没那么复杂，所谓宣传，就是让大家都认为咱们好，别人不好……"可见阎锡山很善于用目标定义事物的根本，只有目标明确，行动才会有清晰的方向，最终才会实现预期的结果。

第二个 W 是"Who"，是指传播对象。要很清楚地了解你所针对的人群是谁，他们都有什么样的特点，他们有什么样的需求亟待满足，他们平时最感兴趣的信息是什么，什么样的话题能让他们竖起耳朵，他们平时如何接触和了解外部信息，他们与人交流和沟通最习惯的方式是什么。在品牌传播的过程中，只有清楚地了解传播对象，才会有对味且有效的沟通策略和沟通效果。

第三个 W 是"What"，是指传播内容是什么。传播内容必须体现两个原则，一是要精确地体现品牌的特质、形象和传播目标，二是要契合消费者的某种重要需求，也就是要将品牌的相关信息转化成消费者需要且喜欢听的内容，形成共识和共鸣感强的诉求，这样的信息才具有改变人心的力量，因此传播沟通除了找对人、了解人，说对话并把话说到人心里更重要，如果不了解受众就盲目输出驴唇不对马嘴的信息，想打动人心比说服一只猴子还困难。

第四个 W 是"When"，是指在什么时间和什么时机下进行传播，传播时机的拿捏和选择的精准度对最终的传播效果有着至关重要的作用。

第五个 W 是"Where"，是指在什么地方用什么传播工具与消费者进行有效接触并形成传播攻势，这也是本章要阐述的核心内容。

危地马拉是中美洲一个贫穷落后、存在感极低的小国，其经济主要依靠出口以香蕉为主的各种水果，因此这个国家也被称为"香蕉共和国"。危地马拉同时也是一个有着丰富旅游资源的国家，政府想要推广国家的旅游产业、吸引全球观光客，但没钱做宣传，于是有人就想到了在出口的香蕉上做文章——在每根香蕉的香蕉皮上贴一个小小的广告标签，上面附着欢迎来危地马拉旅游之类的广告信息。

我们都知道人在吃香蕉的时候注意力一般都很集中，香蕉拿到手的第一个动作就是要剥下香蕉的表皮，在做这个动作时，人的注意力都会集中在香蕉皮上，所以只要在每根香蕉皮上贴一个小小的广告，人们就会不可避免地看到上面的信息。

香蕉虽小，善加运用便可成为一个精准且高效的媒体，在正确的时间（吃香蕉是休闲时刻）、正确的场合（居家生活或亲友聚会）、用高注目度的工具（需要剥皮的香蕉），以离消费者最近的方式（触手可及）和最低的成本（无须任何媒体费用），便可将危地马拉国家的旅游形象传播到全世界，这就是我们常说"小玩意大妙用"的创意传播。

总之，整合所有能够承载信息并能有效触达目标人群的传播工具和传播手段，就是本章所强调的汇集百工。例如，我们经常在飞机上看到前排座椅上的广告就是一个非常精准到位的优质传播工具，乘客被"禁锢"在飞机这种封闭的空间里，既没办法玩手机又无所事事，座椅前的广告就成了乘客视野中最易触达且无法回避的"视觉氢弹"，只要睁开眼睛就必须承受信息入侵。

所以，创造"无选择就范"的场景，也是泛媒体时代传播策略创新的重要法门之一！

但这一切都源于我们对消费者接触和吸收传播信息的关键细节有全面把握和深刻洞察！

从来最优质高效的传播工具都具备"抬头可见、触手可及"的特点，所有能够产生高效率、好效果和多效用的传播物，都是优质传播载体，基于这样的原则，世间万物皆可为媒体。

说到万物皆可为媒体，用网络上的一句流行语讲就是"我只服日本"，日本在做国家形象的推广传播上，有些看似平常简单实则深远精明的手段，的确令人叹为观止。

东南亚国家的绝大部分人都喜欢日本的商品，这跟日本在域外市场积极传播国家形象很有关系。如老挝这个毗邻我国云南的友好邻邦，我国对其支持和援助的项目很多，除了老挝高层领导，民间百姓多不知晓，我国的对外援助真正做到了"但行好事，莫问前程"，而日本援助他国就很少出现这种情况。日本支援过很多欠发达国家，但他们在选择援助项目上秉持一个准则，一定是援助与民生有关、低成本且高曝光率的项目，因为这样的援助项目不仅受助国的上层领导们知道，而且普通百姓也很容易知晓，这样就很容易在受助国的国民心中树立日本友好真诚的国家形象。

例如，日本曾经帮助老挝首都万象机场扩建，他们要做的工作就是在万象机场原有基础上将规模再扩大一些。一般机场扩建，从国家支援的层面投资规模并不算大，但是这件事情的影响力却非同小可，因为机场扩建既是城市基础设施工程，更是国家形象工程，还是惠及百姓的民生工程，所以新扩建的万象机场一亮相，整个老挝一片沸腾，都在感谢和颂扬日本的友情援助，日本就用如此简单的方式迅速在老挝人民心中树立起了"真诚友好、乐于助人、品质精良"的国家形象。

日本还有一个支援老挝的项目，做法更是让人称奇。过去老挝的城市规模都很小，包括首都万象都没有公共交通工具，市民出行只有三种方式，一是自己开车，二是骑摩托车或自行车，三是步行。随着老挝的一些城市规模日渐扩大，日本就把国内的一些公共汽车无偿赠送给老挝首都万象。城市运行公交车，必须规划公交线路，日本又很专业地帮助万象规划好了公交线路，还在公交线路的沿线修建了很多简易的公共汽车候车点。现在在万象的大街小巷依然还能看到很多日本援建的公交设施，日本的这一举措的意义，既现实而又深远，不仅彻底改变和升级了老挝城市居民的出行方式，更重要的是把援建的公交系统项目变成了具有强大影响力的传播工具，因为日本没有忘记在他们捐赠的每一辆公交车和每一个公交汽车候车点都写上"日本人民友情支援"之类的宣传语。

这些穿行在万象大街小巷的公交车和遍布在万象大街小巷的公共汽车候车点，不仅成了日老友谊最好的见证，也成了日本国家形象最好的宣传阵地。除了利用这些触点广泛、亲近民众的传播阵地宣扬日老友谊长青的亲善主张，提升日本在老挝人民心中的影响力和好感度，日本还会大肆宣传其企业和商品形象，灌输其消费文化和生活方式……每一个出行的万象市民都不可避免地接触到公交车身及公交汽车候车点的宣传信息，不仅强烈感受到日本善待老挝人民的友好情谊，而且不由自主地变成"哈日"一族，开始崇尚日式生活并追捧日本商品。

世界上给老挝提供过援助的国家不在少数，但是在老挝人民心中，他们最愿意投桃报李的国家却是日本，这与日本谋深思远的国家形象战略思维有莫大关系。在高尚善意的外壳下隐藏着高明精致的实用主义，在慷慨真诚的友好援助背后有着清晰务实的战略图谋，日本深谙"得人心者得天下"的制胜之道，通过选择具有广泛影响力且有媒体属性的援助项目，不仅能向受助国的民众示好，而且还能将援建项目媒体化，以此推广其优势产业和优质商品，重塑受助国民众消费方式，实现独占市场的战略企图。

现在看来，日本这一老谋深算的"柔性战略"显然是成功的。它通过"好吃看得见"的援助项目，不仅收获了当地民众的好感和认同，更收获了极其丰厚的利益回报。走进老挝城市家庭，日本商品不仅成了优质生活的象征，而且成了无数人"渴望拥有"的人生追求。

一切都不露痕迹，一切又能显露奇效，这就是日本巧思妙用的柔性传播战略，而这一战略的实现依赖于"将一切事物媒体化"的创新能力，所以一场传播行动能取得良好效果，不在于传播工具本身，而在于怎样用绝妙的创意将传播工具的能量发挥到极致。

最后一个 H 是"How"，就是要通过更有创意的方式来强化信息的吸引力和感染力，将传播内容、传播工具及传播手段无缝整合，使传播变得更加高效有力。

在很多人的意识中，只有现磨的咖啡才是好咖啡。巴西著名的咖啡品牌贝利咖啡为此开发了一种即时冲调的盒装咖啡，并将其推向巴西首都巴西利亚的各大超市。这种咖啡由厂家每天现磨出咖啡粉，然后即时打包发货，它最有吸引力的卖点就是"新鲜"！可是如何让人们相信这是现磨的新鲜咖啡却成了一大难题。

贝利咖啡的营销人员想了很多办法，包括在包装盒上标明"每天即时打包发货"的字样，但这种空口无凭的承诺依然无法让人相信这是现磨的。后来，他们发现很多人都爱看当天报纸头条新闻，于是想到了把当天报纸上的头条新闻印在包装盒上，用当天的头条新闻来证明咖啡与头条新闻一样是"新鲜出炉"的。

说干就干，贝利咖啡和巴西利亚最有影响力的日报社达成合作，让贝利咖啡包装盒和报纸头条新闻就此"碰撞"在一起。每天晚上，贝利咖啡的设计师在第一时间获得刚刚编辑好的报纸头条新闻，将其重新设计、印制在贝利咖啡的外包装上，等到第二天凌晨报社完成了报纸发行，贝利咖啡也同时推出了印有当天报纸头条新闻的盒装咖啡。

那些预订咖啡的消费者，看到和当日报纸长着同一张"脸"的贝利咖啡，惊叹之余都开始相信：贝利咖啡是今天刚刚真空包装好的，因为盒子上印刷的报纸头条新闻就是最好的证据！这场营销活动持续了不到一个月，巴西利亚的广大消费者就彻底相信了贝利咖啡是"现磨新鲜"的好咖啡，贝利咖啡也非常顺利地打开了巴西利亚这个大市场。

需要强调的是，高明的传播方式要获得良好的传播效果，必须建立在产品绝对优质的基础上，否则一个蹩脚的产品，在高强度的推广传播中，能见度越高，问题暴露得就越彻底，死得就越快，所以"打铁还需自身硬"，不仅是企业打造产品必须奉行的圭臬，也是企业推广产品、传播品牌必须奉行的底线法则。

上述 5W1H 法则就是一个能够确保营销传播有实效的策略思维框架，按照这样的策略思维框架去规划和组织品牌的营销传播，就能保证对路而有序、精准而实效，避免做无用功。

不仅要周知，更需要发动

澳大利亚大堡礁久负盛名，但因为随着海洋升温及游客增多，该地珊瑚虫濒临灭绝，经过一段时间的休养生息，大堡礁的生态环境得到了恢复，知名度却已大不如从前，加之受到金融危机冲击，旅客量大减。昆士兰旅游局为了复兴其旅游产业，策划了一次网络营销活动，以每小时 1400 美元的高薪向全球招聘看护员，并为此专门创建了一个名为"世界上最好的工作"的多语种招聘网站。

"世界上最好的工作"在短短几天时间就吸引了超过 30 万人的访问，全球 200 个国家和地区的近 3.5 万人应聘，导致网站瘫痪，官方不得不增加数十台服务器。

从营销传播的角度，这次活动策划的成功之处主要体现在三个方面：①传播概念非常"抓心"，正值全球裁员风盛行时期，提出"世界上最好的工作"，对正在谋求生计的人具有无法抗拒的吸引力；②网络营销造势凌厉，逆势策划最容易博眼球，通过网络让全球公民都可无障碍参与"病毒传播"；③互动营销高潮迭起，网络投票"外卡选手"，用拉票活动不断吸引网民深度参与。

营销传播的根本目的，不仅是准确到位地告知信息，更是要深入广泛地发动群众。如公关传播和事件营销这两种传播手段在让大众"快速知晓"和"马上行动"上更见实效！

美国知名公关传播专家伯内斯认为"新闻公关是一种脱离日常环境的虚拟行为"。真正成功的新闻公关传播和事件营销，意义已经超越了简单的制造噱头和博人眼球，它是一种改变已有行为模式，引入新思维和新行为方式的沟通战略。

2020 年元宵节，著名餐饮品牌老乡鸡发布了一条"董事长束从轩手撕员工联名信"的视频，引发刷屏。在视频中，董事长束从轩亲自出镜，讲述因受新冠肺炎疫情影响，老乡鸡受损 5 亿元，倡导所有人在家隔离、不给国家添麻烦……最后，束从轩当众亲手撕毁员工们自觉发起的不要工资的联名信，并表示卖房卖车也要让员工有饭吃，其情其景真诚朴实、温暖感人。视频一发出，迅速引起刷屏、好评如潮，束董事长被网友们称赞为"中国好老板"，老乡鸡也收获了极高的关注度和认可度，甚至很多网友纷纷表示等疫情缓解，一定要吃老乡鸡，为这只"有良心的鸡"捧场助威。

毫无疑问，这是一起操作简单且非常成功的公关营销事件。当然，说它是公关营销事件，并不是怀疑和否认老乡鸡董事长"撕信"的真诚和善意，而恰恰是在这种艰难时期，员工所表现出的感恩之心与老板的坚强担当交相辉映，迸发出感动人心的力量，所以这种"本色出演"的实景剧，只要通过视频呈现出来，就能展现出强大的感染力和传播力，并不断增强人们"共克时艰、战胜疫情"的信心和勇气。

因此，最有力量的传播，一定"不驰于空想、不骛于虚声"，总能利用积极且有正能量的声音传达乐观向上的力量，让人们在多变多彩的世界里满怀热情与希望，并慨然前行！

传播工具妙用六大要领

1. 人迹所至处，皆是传播阵地

在传统军事学中有一个术语叫"狭路相逢勇者胜"，两支敌对的部队突然相遇，一定是勇敢强悍动作快的一方取得胜利。但是，光靠勇敢未必就能战胜对手，还需要掌握一个关键的战术要领，那就是"抢占有利地形"，只有占据有利地形，让自己立于不败之地，再凭借勇猛强悍的战斗力，才能克敌制胜。这里说的"狭路相逢"和"有利地形"非常符合品牌传播的两个重要规律。"狭路相逢"是指品牌与消费者要能密切接触，"有利地形"是指能让品牌信息高效输出的传播阵地和传播工具，如果能让自己的产品和品牌总能与消费者 "狭路相逢"，同时又能让品牌信息通过高效的传播阵地向消费者精准"灌顶"，品牌形象的成功树立就是指日可待的事情。

清朝光绪年间，沧州地界瘟疫盛行，皇上下诏派宫中王太医为钦差大臣督办沧州抗瘟事宜，但久不见效。靖王爷命神医喜来乐随同前往沧州代替王太医指挥沧州治瘟，喜来乐当仁不让对治瘟工作进行全面部署。他首先命人迅速查明沧州地界所有水井数量，其次让当地官员根据水井数量准备相应数量的麻袋，最后将每只麻袋装满按照治瘟药方配比的各种药材，并将这些装满药材的麻袋浸泡在每口水井里。这个办法施行不到半个月，肆虐在沧州大地的瘟疫就被快速平息下来了。

上述对策中的水井、麻袋，乍看起来跟"瘟疫"沾不上边，但是跟瘟疫的传染源和传播载体——流动的灾民有关系，喜来乐深知"治瘟必先治人"的道理，灾民处在四处流动交叉感染的状态，如果采取"定点清除"的办法治瘟，必然是按下葫芦浮起瓢，难以从根本上杜绝传染。另外，喜来乐发现，处于流动状态的灾民，不管到哪里都得喝水，采用井水泡草药的办法，让所有人都能喝药治疗，得了瘟疫的可治病，未染瘟疫的可防病，这种方法简单方便、周密有效，实为治瘟防疫的万全之策！

喜来乐的成功防疫之策不仅体现了他善抓要害、治瘟有术的过人本领，这种根据流动的灾民行迹精准布控的策略思维，就非常符合传播学中"有的放矢、精准施策"的信息接触管理法则。无论采用什么样的传播媒体，只有精准触达目标人群行迹、符合消费者接触信息习惯的媒体才是真正的好媒体。

自嗨锅是一个新兴自热火锅品牌，2018年年初正式上市，其品牌愿景是为特立独行的"互联网原住民"打造有型、有料、有味道的自热火锅食品，帮助都市年轻人从厨房中解放出来。

"一人份"经济时代催生自热食品业迅猛发展。我国方便食品市场正在不断扩大，2019年我国方便食品市场规模突破4500亿元，2020年市场规模将达4812亿元，而自热食品市场规模在以每年增长20%的速度快速发展。自嗨锅便是在这样的背景下应运而生的，通过严格挑选食材，采用FD冻干技术，保留了食材原有的营养成分和自然口感，具备了健康、安全、营养的优点。

自嗨锅产品的上市策略从一开始就不走寻常路，摒弃了食品行业广告开道的常规营销套路，通过大量明星试吃为品牌背书，选择与品牌关联度高的流量小生为品牌代言人，代言人身上有着诸多与自嗨锅目标人群相同的生活习性，如爱打游戏、爱宅家，以及其他一些容易引发消费者共鸣和认同的特质，自嗨锅就充分借助代言人的知名度和影响力，快速形成品牌认知，吸引消费者购买，第一时间将流量转化为销量，而后发起精准的立体化营销传播，如进行热播剧赞助，辅以媒体平台的文宣造势，在抖音、小红书等新流量社交平台亮相发声，还利用贴近消费者生活场景的楼宇电梯等生活媒体来拉动销售。

经过一系列精准到位、行之有效的营销传播，自嗨锅很快从众多自热火锅品牌中脱颖而出，成为消费者心中自热火锅的代表品牌。在2020年，自嗨锅产品销售表现十分强劲，仅在2020年上半年销售额就突破了6亿元。

2. 把信息植入消费者生活空间

在移动互联网时代，人们自然接收信息的数量比20年前增加了近10倍，远远超过了人脑承受的极限，各种信息的"着床率"不断走低，很多信息无法在人们脑海里停留，溢出现象日趋频繁，大量信息成为难以被记忆的"过耳杂音"。

把品牌信息以适当的方式植入目标人群的生活空间就成了一个相对有效的选项。若受众是商务和商旅人群，就可以布点在公寓楼、写字楼和机场；若受众是年轻白领人群，就可以布点在公寓楼、办公楼和电影院；若是针对家庭主妇的日用品和快消品，就可以布点在公寓楼、卖场和社区大门等地方……从生活空间中循迹布点的信息触达，往往能够达到事半功倍的效果。

2017年，神州公司总营收达77.2亿元，净利润达8.8亿元，其中汽车租赁收入达37.9亿元，增长33%。毫无疑问，神州租车已经成为中国租车市场的"第一车"，个中关键，就是在行业缺乏领导品牌的时间窗口，神州租车运用与消费者接触频率高的电梯广告等生活空间媒体，发动饱和式信息攻势，迅速在消费者心智建立了"要租车，找神州"的用户认知，成功地将"神州"变成了消费者租车的第一选择。

生活空间除了像电梯这样的出行必经之路，与消费者日常生活相关的场合也是品牌信息精准触达的阵地，如商超、社区居民活动空间、小区出入口、公交站、地铁站等都是最易与消费者接触的地方，这些触达率高的空间或载体都是有效的传播阵地，抓准抓牢这些传播阵地，植入有感、有料的信息内容，是实效传播的良策之一。

在信息泛滥的时代，让信息传播更加生活化、让信息载体融入生活空间，将成为强化品牌信息渗透力，消弭用户信息"抗性"最有效的手段之一。

3. 让传播手段与传播内容和应用场景高度关联

长安汽车为了展现其"超长距离无人驾驶"的强大性能，曾经策划过一起2000千米超长距离无人驾驶的"技术营销"，取得了空前成功。长安无人驾驶汽车从重庆出发，途径西安、郑州，最终到达北京，全程将近2000千米。通过此次全方位、长距离的路跑测试，使长安汽车成为中国首个成功实现长距离无人驾驶的汽车企业，也成为全球第一家长距离、车速最高、无人驾驶的整车企业。

通过这一史无前例的"验车"活动，长安汽车不仅成功展现了其超长距离无人驾驶汽车的卓越产品性能和独特出众的品牌形象，还用实力向全世界证明了中国"智"造的可靠性。该活动吸引了众多海内外媒体全程跟拍，最大限度地提高了活动的曝光率和品牌能见度，实现了中国汽车"技术营销"的新突破。活动后期，长安汽车又邀请媒体参观其美国研发中心，展示了领跑全球的MTC技术优势，掀起话题传播的新高潮。

强化媒体工具与传播内容及消费场景的相关性，是优化内容场景感、提高传播互动感和吸引力的有效手段之一，不仅能让观众自然浸入传播氛围中，更有利于媒体为品牌注入现实感。前文讲的危地马拉的香蕉传播策略，就是充分考虑消费者剥香蕉皮时注意力被锁定的现实场景，从而做出的将产品媒体化的传播创意。

4. 撬动社交红利

有料的内容加高质量的互动话题是撬动社交红利的根本动因。"双十一光棍节"本是大学生的自嘲和戏谑之言，阿里巴巴将其转化为"寂寞购物狂欢节"的概念，并形成了一年一度的标志性活动。小米的快速崛起，绝对离不开其社群营销。星巴克玩转社群营销的手法也已到了炉火纯青的地步，其社群营销玩法如下。

一是借助脸书和 Twitter 推广新产品。星巴克曾经为了促销黄金烘焙豆咖啡推出专门的手机 App，顾客可以从中了解新品资讯、优惠福利等，并且在 Twitter 上展开宣传，通过文章引流。

二是运用贴合热点的广告和主题标签。如在美国曾遭遇 Nemo 大风雪时，星巴克在 Twitter 上推出了在寒冬中握着热咖啡的广告，并且利用#Nemo 和#blizzard 等标签，迎合并引导顾客的生活方式。

另外，星巴克曾与 Foursquare 合作，推出抗艾滋慈善活动，顾客每次到星巴克消费，并在 Foursquare 上打卡，星巴克就会捐出 1 美元，这些活动都自带社交货币，并能及时转化为社交红利，为星巴克的品牌形象提升起到了很好的效果。

社交红利是基于人类作为群居性动物属性的自然产物，物以类聚、人以群分是永远不变的社会法则。有着类似的文化背景、相近的价值观、相同气质和志趣的人总是会自然扎堆形成圈子，再加上频繁的互动、共同的利益和愿景就使散落天涯的人聚合在一起，彼此分享并建立信任。只有在相互信任的基础上分享的信息才有影响力和渗透力，因此社交红利的本质就是志同道合的一群人共享信息红利。

九阳豆浆机开发了最新款的面条机，首先给 50 位妈妈送去面条机，让她们进行试用。这 50 位妈妈在发微博后产生了 150 条评价，这些评价最后有约 19 万次转发，5600 条评论，累计超过 4140 万次曝光。

基于社群分享带来的口碑传播比传统广告更有扩散性和说服力，也更能促进消费者的购买欲望。社群作为一个管理与消费者的关系的新工具，其赢得消费者青睐的关键因素在于品牌与消费者之间能够通过社交关系的拓展、优质内容和优惠刺激等方式建立一种相互吸引和信任的关系，从而提升品牌信息触达的效率。

社群营销模式是在信任的基础上产生的交易架构。在产品过剩的时代，有了信任感，交易的发生才具有可能性。一切以人为本、用社群连接人，培养信任进而转化为消费行为是社交红利的最大价值，所以撬动社交红利是互联网时代深挖用户需求、提高沟通效能、促进产品销售的重要的营销思维之一。

5. 构建自己的专属传播利器

全球最大的医药零售商沃尔格林药店自创立起年年盈利，创造了连续 100 多年的盈利神话，且业绩超过英特尔、通用电气、可口可乐及默克公司等世界著名企业。沃尔格林仅在美国就有 8173 家连锁药店，80%的美国人家附近 8 千米范围内，就能找到至少一家沃尔格林药店，每天到访的顾客超过 600 万人次，药店每年处理的处方达 8 亿张。在互联网来袭的当下，很多传统企业借 O2O 发力转型，却因种种问题反而走入"重灾区"，沃尔格林却以独步医界的自媒体终端策略在医疗电商领域上演着一段商业传奇。

沃尔格林开发了一个"健康之选"的即时奖励平台，随时随地连接网络的移动设备，使顾客可以随时查询商品信息、库存情况并编制心愿单。沃尔格林通过 App 随时随地跟踪顾客的健康状况，以"健康之选"活动帮助顾客形成良好的生活方式并实行奖励，如对每天坚持跑步的顾客，根据一段时间每天跑步的持续性和千米数累积分值，奖励点数，这些点数可以用于未来购物时的价格减免。截至目前，沃尔格林为 80 多万名参与项目的顾客送出了约 20 亿分。

沃尔格林还开发了一个专属 App，为顾客提供更加便利的药物购买服务。只要接入 Apple Pay，顾客可以一键支付，而且可以用存好的兑换券、点数等享受折扣；另外，该 App 还可以针对顾客的某种药物用量、用法来提醒其服药甚至买药，顾客不需要打开 App，只要在推送界面就可以直接下单购买；还可扫描药瓶上的二维码来重新购买药品，这极大地提升了 App 的便利性。数据表明，在沃尔格林所售药品中，超过半数都是通过这种方式购买的。

沃尔格林还开辟了视频医疗咨询服务，顾客可以进入 App 中的"医药沟通"频道，借此"当面"和药剂师咨询相关问题。沃尔格林平均每周可以通过 App 和近万个顾客进行"医药沟通"。这种服务的优势在于药剂师能从后台了解顾客的身体情况、用药状况，进而为顾客提供个性化的服务；同时，药剂师更能以专业的服务介入顾客的购买过程，不仅有效提升了消费者的客单价，而且还极大地增强了 App 传播交易平台的黏性和顾客信任感。

所以，打造信任感的一种有效方式就是运用自媒体。自媒体就是企业或个人通过新的传播技术，创造信息、发表个人"智识"，并建立属于自己专有传播渠道的手段。

我们已经全面进入自媒体时代，一个企业拥有自己的自媒体发声渠道对于企业的发展、市场营销、品牌创建具有至关重要的战略意义。

6. 把产品媒体化

美国 3M 公司开发了一种新型的玻璃保险箱,为了证明其玻璃牢固结实、坚不可摧,3M 公司在美国纽约一个人流量很大的公交车站,用制做这种保险箱的玻璃做了一个透明玻璃箱,里面放了 300 万美元,上面写着"如果你可以不借助任何外力打破这个玻璃,那么你就可以拿走里面的 300 万美元。"

玻璃箱里透明可见的 300 万美元吸引了无数人前来碰运气,结果自然是没有一人成功。随着尝试的人越来越多,这件事情迅速传开,媒体也纷纷报道,眼睁睁看着 300 万美元放在面前,却无人能够获取,大家就开始关注到保护这些美元的玻璃了。3M 玻璃保险箱坚固结实的产品质量形象也随之迅速传开,该产品也因此受到全球用户的关注和追捧。

把产品媒体化是营销传播最上乘的创意功法。当产品成为媒体,这样的产品一定是无敌的,这时产品就会自带声量吸引消费者、影响消费者,并把消费者变成积极的传播者,一切产品之外的营销都会变得多余起来,产品将以最低的成本把自己营销给消费者,但这一切都取决于我们头脑中高质量的创意内存,以及我们把万物媒体化的创新能力。因此,让创意为传播赋能是任何时候都必须践行的传播理念。

创意是王道，合适为最好

传播工具没有好坏，更无新旧，只有"精准对位、适切对味"。从实效传播的角度讲，任何传播都不应该是单纯的信息布点和传达，从长远来看更应是产品、内容与手段的相互赋能。

但无论什么样的传播工具，也无论媒体如何发展，传播工具在任何时候的核心功能都没有改变，就是解决信息与人的接触问题，所以工具的选择和运用所遵循的最高原则永远是"精准""高效""广众""深入""有创意"。近些年，"新媒体"这个概念比较火爆，对于一些新的概念，我们没有必要太过较真，无论新与旧，只要是传播工具，本质上都是万变不离其宗的。事物的新与旧都是相对的，当下的"新"是相对过去的"旧"而言的，等到未来，今天的新东西就成了明日黄花，传播工具也是如此，新与旧不是衡量事物价值的标准，品牌传播工具无论新旧，能将传播效率和功能发挥到极致的就是好工具。充分尊重并迎合人们接收信息的方式和习惯，针对合适的人群、在合适的场域匹配合适的工具、加之适切的创意，才是成功传播的最高王道。

一些企业对速度的重视有时超过了事关生死的战略思考，先执行后检讨的行为方式让任何一个新生事物在最短时间内迅速泛化成泡沫，尤其是对待新商业工具的运用更是如此。我们务必明白，任何商业工具的有效运用，只有服从和服务于既定的商业战略和商业目标，在符合商业战略的需要和商业规律的前提下，以务实、精益和创新的手段，才会发挥应有的作用和价值，绝不可舍本逐末。最后特别强调，打造品牌搞传播，千万别做"工具控"，唯有创意是王道，合适有效为最好！

本章内容要点温习

1. 如何理解品牌传播的 5W1H 法则？
2. 传播工具妙用有哪六大要领？

第 10 章　文案攻心

只有文字,才能攻破人类最深的城府!

笔落惊风雨，诗成泣鬼神！文字的力量有多强大？大到可以改变历史、改变命运！

三国时代的曹植，凭着"煮豆燃豆萁，豆在釜中泣。本是同根生，相煎何太急。"这 20 个字，从其兄长曹丕的屠刀下捡回了自己的性命。若是当时曹植的"文案"无法感动曹丕，恐怕立马就成了刀下亡魂。

曾经的美国总统林肯，面对美国南北战争的危机，在演讲中宣称："分裂的家庭必不能持久、一半奴役一半自由的国家必不能持久。"展现了为建立独立统一、自由民主的国家不惜一战的决心，感动和鼓舞了美国人民，最终让美国免于分裂的命运。

《史记·淮阴侯列传》中有句话是这么说的："今大王举而东，三秦可传檄而定也。"意思是说，不待出兵，只要用一纸文书，就可以控制局势。这里的"传檄而定"就说明文章的力量之大，大到可以不战而屈人之兵。

我在长时间的行销传播实践中，深刻体会和认识到语言和文字"无坚不摧"的力量。精准有力的文字不仅能引发话题、传达信息、引导消费、鼓舞人心，还能转化成惊人的行销能量，尤其在这个信息横流、注意力被高度分散的时代，广告文案、媒体消息、行销话术经由各式各样的管道出现在大众面前，如何让文案在消费者眼波流转之际抓牢眼球并虏获人心，已是当代行销传播的"显学"。

说说文案那点事儿

文案在古代其实是指一种特殊职业，指在衙门里专门从事文字工作的人，相当于现在政府部门专门写材料的人员，这类人在过去也被称为刀笔小吏，左宗棠从政就是从文案开始的。文案工作涉及的内容非常广泛，包括衙门里的公文、通告，领导的汇报材料、讲话稿，以及缉捕令等。

我们今天所说的文案是从工作内容的角度来理解的，但凡为了某种特定目标，或沟通情况、或传达信息、或解决问题所创作和使用的文字内容都叫文案。大到联合国宪章、政府工作报告、西方国家议员提案、政令通告、古代皇帝圣旨、大臣们呈上的奏章、鼓舞士气的动员令、给敌对将领的劝降信、学术报告和论文、演讲稿、单位公文、函件、通知，小到居委会贴的通知告示、物业公司催缴费用的通知单、居民寻物启事、写给恋人的情书、课堂上给同学递的小纸条等都叫文案。可以说，文案是一种无可或缺又无比强大的实用工具。

想做大事的人都离不开文案。丘吉尔在第二次世界大战期间号召全世界一同对抗法西斯的那篇鼓舞人心的演讲稿就是一篇经典文案。汉文帝曾经写信给南越王赵佗，信中处处推心置腹地帮赵佗做情势分析和命运预测，虽然言辞温婉却笑里藏刀，赵佗看完来信几乎吓得魂飞魄散，立马卑辞厚礼请求归降，头脑中独立称帝的妄念彻底被清空。汉文帝这封杀人诛心、震破敌胆的书信就是超级文案。

今天经营企业更需要文案。企业商业行为要取得成功，除在经营管理层面要有正确决策、在营销推广层面要有系统策划，以及在业务执行层面用心深耕外，对内对外的沟通传播也至关重要。要沟通传播就必须有优质文案，因为企业所有的战略行为、传播沟通、品牌形象的信息都是靠文案输出的，"文以载道"的重要意义在企业经营管理行为中也体现得非常充分，各种传媒广告、网络宣传、产品介绍、包装形象、销售推广、领导演讲、新闻报道、软文传播、活动宣传、终端告示、顾客沟通、招商宣传、融资路演甚至店铺名字等都是文案。只要是有商业行为的地方，就有文案在发挥作用，文案越来越成为影响商业成败的经营重器。

  目前，虽然会写文章、搞文学创作的人很多，但是能把企业文案尤其是营销文案写好的能手却是凤毛麟角。现实中，我们看到的绝大多数文案都是作者们自说自话的文字游戏，要么词不达意，要么言不由衷，要么话不投机，那些不得要领、味同嚼蜡的文字承载的产品信息，总是让消费者麻木无感、视若无睹，其最根本的原因就是很多人不知文案为何物，错把文案写作当成了文学创作。

文案写作等于文学创作吗

文案写作与文学创作到底有何异同？一件事就能说明问题。某作家最近出版了一部小说，小说里的故事情节、人物刻画、思想表达、行文措辞等内容都叫文学创作，为了使这本装帧精美的图书更加畅销，出版商特别在外面添加了腰封，在腰封上印刷的推荐文字就是文案，因为它有明确的目标和功能——促进销售！

因此，文案与文学作品最大的区别就在于，文案是目标导向的，有特定的意图和任务，用来解决特定的问题，强调文字的影响力和实效性。文案的写作思考必须服从特定目标要求，重在"为事立言"。文学则是自我导向的，侧重于表达作者自己的主观认识和个人情感，强调"我在讲什么"，站在个人立场看世界，听从内心召唤，重在"为我立言"。

文案是一种实用主义的理性表达方式。任何一篇文案，必须针对特定的读者或听众传达特定的信息内容，还必须符合特定的场合和时间，以达到特定的目标和效果，因此文案写作很像"在梅花桩上打猴拳"或"在螺蛳壳里做道场"，必须服从目标和现实的需要，基于现实的条件和原则进行创作，不能任意发挥，只能在规则要求之内做文章。我们把这样的规则称为文案策略。

文案策略五感法则

虽然不同类别的文案都有各自不同的作用、功能和写作技巧，但它们在行文用笔的策略上都遵循着共同的规则，即文案策略五感法则（见图10-1）。

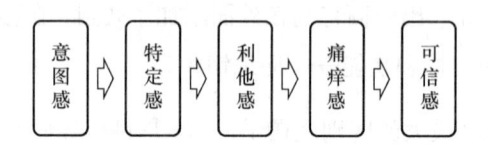

意图感 ⇨ 特定感 ⇨ 利他感 ⇨ 痛痒感 ⇨ 可信感

图10-1　文案策略五感法则

（1）意图感：万法皆由目标始，文案首先要有明确的写作目标和要解决的关键问题，应围绕如何达成核心目标这一发力点构思文案的表现策略。

（2）特定感：不管是什么用途的文案，都必须有特定的对象、特定的场景、特定的时间、特定的内容和特定的表现形式，还必须考虑与媒体和传播环境的高度契合。如微信订阅号，用户只能看见14个字的标题，有效阅读时间只有3秒左右；百度推广，可用的文案长度为22个字，用户的有效阅读时间只有5秒左右，这样的文案就必须根据对象、目标和媒体特征等量身定制，形成本土化和情境化的表达。

（3）利他感：文案信息必须能够回应读者潜在的问题"我会从中得到什么"，让人能从文案中知道他将获得哪些利益和价值。

（4）痛痒感：文案要影响和改变人，必须直击痛痒，确保文案所传递的信息都与消费者的潜在需求有密切的关联，敏锐、紧要且扣人心弦。

（5）可信感：文案表达的信息和观点必须有理有据、真实可信，让人怦然心动且坚信不疑。

文案与文学作品的区别不在于表达形式和体例，而在于目标达成的实际效果。如果一篇文案承载了任务和目标，却没有达成预期的效果，那就不能称之为好文案！

元稹有诗"曾经沧海难为水，除却巫山不是云。"意思是说，见过沧海，其他地方都是小水坑，除了巫山，别处的云都不能称其为云，这个世界上除了你，我再也不会对别人动情……这就是纯粹的文学创作，只是用诗歌的形式表达对故人的真爱和执念，这种个人化的内心独白，没有任何现实的目标和功能，只能叫文学作品，这样的文字用今天的话说，"圈粉"可以，但对"圈钱"或"圈地"一点用也没有！

毛主席在得知人民解放军胜利渡过长江后，欣喜之下，写下一首新诗《七律·人民解放军占领南京》，其中有两句"宜将剩勇追穷寇，不可沽名学霸王。"虽然是诗句，但这句诗里面提出一个非常明确的目标和要求，希望打过长江的人民解放军乘胜追击一鼓作气歼灭残敌，千万不要居功自傲贻误战机，这才有了人民解放军后来的辉煌战果。所以毛主席的这一诗作，既是文学创作，又是诗化的文案！

哪怕是同一篇文学作品，出现的场景和地方不同，其功能和属性也会发生改变。唐朝诗人李绅有一首大家都熟知的《悯农》："锄禾日当午，汗滴禾下土。谁知盘中餐，粒粒皆辛苦。"这首诗若仍以《悯农》为题放在诗集里，那它仅是一首诗歌而已，如果把这首诗的标题改为"珍惜粮食、浪费可耻"，连同整首诗放在食堂或餐厅，那它就是一篇好文案，因为它在特定的环境针对特定的人群起到了特殊的作用——提醒人们珍惜粮食！

要说"骚气"又尴尬无效的文案，当数唐代大诗人李白曾经写过的一篇求职信——《与韩荆州书》。

曾经旅居湖北襄阳的李白听说当地最高长官韩朝宗（人称韩荆州）乐于提携和举荐人才，而且他推荐的人被采用的概率很高，一向自视甚高的李白也希望得到一个建功立业的好机会，提笔给韩荆州写了一封求职信——《与韩荆州书》，这篇书信成为《古文观止》里的必读范文，想必很多人都已读过，现摘录如下。

白闻天下谈士相聚而言曰："生不用封万户侯，但愿一识韩荆州。"何令人之景慕，一至于此耶！岂不以有周公之风，躬吐握之事，使海内豪俊，奔走而归之，一登龙门，则声价十倍！所以龙蟠凤逸之士，皆欲收名定价于君侯。愿君侯不以富贵而骄之、寒贱而忽之，则三千之中有毛遂，使白得颖脱而出，即其人焉。

白，陇西布衣，流落楚、汉。十五好剑术，遍干诸侯。三十成文章，历抵卿相。虽长不满七尺，而心雄万夫。皆王公大人许与气义。此畴曩心迹，安敢不尽于君侯哉！

君侯制作侔神明，德行动天地，笔参造化，学究天人。幸愿开张心颜，不以长揖见拒。必若接之以高宴，纵之以清谈，请日试万言，倚马可待。今天下以君侯为文章之司命，人物之权衡，一经品题，便作佳士。而君侯何惜阶前盈尺之地，不使白扬眉吐气，激昂青云耶？

昔王子师为豫州，未下车，即辟荀慈明，既下车，又辟孔文举；山涛作冀州，甄拔三十余人，或为侍中、尚书，先代所美。而君侯亦荐一严协律，入为秘书郎，中间崔宗之、房习祖、黎昕、许莹之徒，或以才名见知，或以清白见赏。白每观其衔恩抚躬，忠义奋发，以此感激，知君侯推赤心于诸贤腹中，所以不归他人，而愿委身国士。傥急难有用，敢效微躯。

且人非尧舜，谁能尽善？白谟猷筹画，安能自矜？至于制作，积成卷轴，则欲尘秽视听。恐雕虫小技，不合大人。若赐观刍荛，请给纸墨，兼之书人，然后退扫闲轩，缮写呈上。庶青萍、结绿，长价于薛、卞之门。幸惟下流，大开奖饰，惟君侯图之。

从文中可以看出，李白的写作功力十分了得，"生不用封万户侯，但愿一识韩荆州。""君侯制作侔神明，德行动天地，笔参造化，学究天人。"这种夸张的阿谀奉承之词，不知韩荆州看了是否受用？而且李白还自荐，"虽长不满七尺，而心雄万夫。"斗胆请求韩大人能"接之以高宴，纵之以清谈，请日试万言，倚马可待。"最后还自信满满地请韩荆州"大开奖饰""使白扬眉吐气，激昂青云"。

可是结果呢，这封豪气干云、志在必得的求职信递到韩荆州手里后，一如泥牛入海，从此再无音信。不要说工作，韩荆州连"面试机会"都没给。

为什么剧情反转到如此程度？问题首先在于李白没有把握"有的放矢、对症下药"的言事法则，写求职信之前没有做好功课，如用户需求调查，首先要了解如日中天的大唐当下最需要的是什么样的人才，要清楚自己的能力和性情适合什么岗位，更要了解韩荆州举荐人才的基本套路、行事规则和个人好恶等。历来官场举贤任能，虽是职责所系和功德所在，却也蕴藏着极大的政治风险，不是什么样的人都值得韩荆州"甄拔品题"，德能才望四项指标达到何种程度才有可能入其法眼，这些关键问题李白都一无所知，只顾表达自己的所思所想，所以他的求职信看上去洋洋洒洒下笔千言，实则"离题万里"。

问题还不止这些，李白的自荐陈述不仅没有抓住要领，反而暴露了许多缺陷——"十五好剑术，遍干诸侯；三十成文章，历抵卿相。"也就是说，他早就到处拜谒过很多地方官员和卿相显贵，却没有任何成效，用现在创业者的话来说就是："我已见了很多投资人，但他们都不肯投我。"这不是自曝其短吗？既然之前见了那么多官员，为什么没有一个人愿意推荐呢？

韩荆州精于识人鉴物，自然也善于察缺见短，一向礼贤下士的他之所以没有回应李白，除了要保持必要的官威、官面之外，也许是从文中看出了李白的弱点——做事草率、轻狂傲岸、放浪形骸、眼高手低。在阅人无数的韩荆州眼里，李白的那封自荐信也许字里行间放大了其缺点，赏一碗闭门羹应该是韩荆州对李白所能做出的最合适的回应吧。

李白的《与韩荆州书》虽然被誉为千古名文，但从谋生用事的角度来看，却是失败的。李白拿着这块精心打造的职场敲门砖，没有如愿敲开入仕之门，这一切归根结底的原因是——李白错把文案写作当文学创作！

文案写作是理性的，玩不得半点任性。从李白写这封自荐信的初衷来讲，这封信寄托了他对自己前程的殷殷期许，信的立意和目的明确而务实。文案在动笔之前应该有非常理性的构思和准备，下笔成文才能切中要义、令人心折，可是李白精心写出的却是"豪言壮语、仅垂空文"，那么韩荆州给予他的自然是"无动于衷、置若罔闻"，一篇对人言事的文案，遭到这样的冷遇，不得不说是李白此生很大的遗憾。我们常说"书生报国无长物，唯有手中笔似刀"，笔不如刀，再美的文章都收不到实效。

好文案的三个"一定"

1. 真正好文案，一定要平易近人、"喜闻热传"

话说北宋年间繁荣昌盛，高级青楼同质化竞争日趋激烈，众多楼堂馆所纷纷开展业务升级，教青楼女子们提高才艺（主要是唱歌），以吸引高端客户。宋词算是当年的流行歌曲，我们在读《全宋词》时会发现，虽然里面的作品很多，但词牌（类似于现在的曲子）却少得可怜，各大青楼就让姑娘们套着旧曲练唱新词，这使得会写词的文人才子成了炙手可热的人物。

柳永不仅生逢其时，而且锐意创新，在词的写作上独辟蹊径，一改过去曲高和寡以"雅"为主的传统套路，开创了对后世影响深远的"柳氏家法"。他写的词通俗易懂、如话家常、清新优美且便于传唱，深受人们的喜爱，很快就风行于市井巷陌，前文讲过，"凡有井水处，皆能歌柳词"就是柳词风靡的盛况的写照。柳词之所以传播很广，在于他始终秉持贴近群众生活的创作原则，大量运用民间口语及人们熟悉的生活元素，炮制人们喜闻乐见的通俗"俚词"，这使他的词作有了较为广泛的群众基础，尤其在当时的青楼界，柳永的词作就像寒夜里的半月，不仅能抚慰人心，还能给歌妓们的职业生涯带来些许亮色，我们从《定风波》一词就可看出。

自春来、惨绿愁红，芳心是事可可。日上花梢，莺穿柳带，犹压香衾卧。暖酥消、腻云亸，终日厌厌倦梳裹。无那。恨薄情一去，音书无个。早知恁么，悔当初、不把雕鞍锁。向鸡窗，只与蛮笺象管，拘束教吟课。镇相随、莫抛躲，针线闲拈伴伊坐。和我，免使年少，光阴虚过。

这首词写的是一个女子倾吐相思之苦。全篇用语通俗直白，浅显质朴，没有一丝书卷和学究气，以大量俚语、俗语和任情外露的笔法表现了女子闺房独守、慵懒憔悴、日夜相思的愁苦。由于柳永长期混迹于勾栏瓦肆，自然懂人心、通人情，所以他对人物的心理刻画细致入微，形象描摹准确传神，寥寥数语便让一个笑泪混杂、自哀自怜的女子形象跃然纸上。

柳永的词虽然大多是俗词俚语，但他那种细巧的文思和细腻的笔法经常会淬炼出很多"走心"的妙语。有一次，他和姑娘们在一起斗酒为乐，趁着微醺写下"忍把浮名，换了浅斟低唱"，意思就是"什么功名富贵，还不如跟姑娘们喝喝花酒唱唱歌来得逍遥快活"。没曾想这句话竟传到仁宗皇帝耳里，皇帝盛怒之下一道圣旨，本已高中进士的柳永一下子从"凤凰"跌落成"草鸡"，人生永远被定格在了市井之中，功名于他真成了浮云！

受到严惩的柳永自嘲"奉旨填词"，从此开启他在青楼里偎红倚翠、吟风弄月的人生。柳永的确才堪大用、不负众望，多年来兢兢业业笔耕不辍，创作了大量脍炙人口的精品力作。

柳永就是靠这种雅俗共赏、平易近人、充满烟火气的独门词功迅速积攒人气，很快就成了那个时代盛名显扬的超级"红人"。当然，他也吃出了有史以来最文艺、最香艳、最放浪形骸的软饭——"今宵酒醒何处？杨柳岸晓风残月。"便是他"有声有色"的人生写照！而他那自带流量和传播势能的文艺创作法自然也应成为千年以后实效文案的价值典范！

2. 真正好文案，一定要见字如晤、落笔惊心

汉代才女卓文君出身富贵人家，甘愿一路陪司马相如吃苦过活，她的痴情最后却换得一纸无情的休书。且看她如何发挥文采，用一首诗歌"智退小三"，成功挽救濒危的婚姻。

卓文君最为人熟知的就是她与司马相如的爱情故事。在司马相如贫困交加时，在卓家以一首《凤求凰》折服了卓文君，连夜带卓文君私奔，后来司马相如功成名就，却想抛弃糟糠另觅新欢。卓文君得知消息后，愤怒伤心自不待言，但她并没有哭哭啼啼寻死觅活，而是给司马相如写了一首诗，这就是著名的《白头吟》。司马相如看了《白头吟》后，良心触动，最终迷途知返，回到了卓文君身边，让这段濒危的婚姻得以保全，全诗内容如下：

皑如山上雪，皎若云间月。闻君有两意，故来相决绝。今日斗酒会，明旦沟水头。躞蹀御沟上，沟水东西流。凄凄复凄凄，嫁娶不须啼。愿得一心人，白头不相离。竹竿何袅袅，鱼尾何簁簁！男儿重意气，何用钱刀为！

翻译成现代文大意是：我对你的感情纯净如山上的白雪，对你的爱恋皎洁似云中的明月，可你却行为不检，因此我要与你一刀两断彻底决裂。今天是我们最后一次晚餐，明天

早晨咱俩就在这御沟边上分道扬镳。沿着沟渠我缓步慢行，看那东流不息的渠水，多像我们的过往一去不回。无论是当初我跟你私奔，还是今天咱俩缘尽于此，尽管我的忧伤逆流成河，但我绝不会像那些娇弱女子，哭天抹泪寻死觅活，搞得凄凄惨惨。我多么希望遇到一个专情不渝的好男人，可以白头到老不离不弃。幸福的日子像钓竿那样轻柔绵长、像鱼儿那样欢快惬意。做男人就应当重情重义有担当，失去真爱岂是钱财珍宝所能补偿的！

这首诗写得理直气壮却又情真意切，不卑不亢却又绵里藏针，字字诛心却又留有余地，充分显示了卓文君作为一代才女的才情。她将自己比作山上雪、云间月，洁白纯净，当她知道司马相如想和她分开的时候，态度干脆果决，毫不拖泥带水，同时也含蓄地表达了挽救婚姻的最大诚意，最后还弘扬了自己的"爱情价值观"，让司马相如读罢此诗幡然醒悟，内心愧悔交加，两人最终重归于好。尤其是"愿得一心人，白头不相离"一语，不仅成为后人追求爱情的理想箴言，而且时不时带领人们跨越千年，重拾那种未曾遗忘的感动。

3. 真正好文案，一定要实效、广传、鼓天下之动

《周易》里有一句话叫"鼓天下之动者，存乎辞！"这句话有多种不同的解析，其中一种解析是，真正能将天下人鼓动起来的是辞章，这里的辞章就是我们所说的传播文案。也就是说，真正有力量的文案，不仅能准确无误地传达信息，更能广泛深入地发动群众。

若论唤起民心、发动群众，千百年来的文宣功夫，首推中国共产党，尤其是党在革命战争年代所运用的文宣战略，可谓独步古今，无出其右！

党在革命战争年代出色的政治宣传工作，很大程度上在于党的宣传干部都善用通俗极简的文宣口号，将党的政策、方针和行动纲领，形象生动、浅显易懂地传播出去。这些诉求明确、鼓舞人心的标语和口号不仅富有时代气息，而且极富感染力，在对民众的思想教育及党的政策宣传中发挥了重要作用。正如毛主席所指出的："很简单的一些标语、图画和讲演，使得农民如同每个都进过一下子政治学校一样，收效非常之广而速。"

正如马克思所说："人们为之奋斗的一切，都同他们的利益有关。"从实效传播的角度讲，我们想要号召和动员民众，无论提出何种宣传主张，都一定要和民众的实际利益结合起来。只有现实的利益和高尚的愿景融为一体，才能真正深得民心、感召民众，从而"唤起工农千百万"。

1927年9月，毛主席带领经过"三湾改编"后的部队走上了农村包围城市、武装夺取政权的革命道路，提出并开展了"打土豪，分田地"的运动，将斗争与农民的根本利益结合起来，赢得了最广大农民的积极拥护和大力支持。1942年前后，由于日本帝国主义的"扫荡"和国民党反动派的封锁及自然灾害，抗日根据地出现了极端困难的局面，毛主席号召全党"自己动手，丰衣足食"，延安和各抗日根据地的广大军民积极响应，开展了轰轰烈烈的大生产运动，不仅发展了经济，充分保障了根据地军民的物质供给，还成功粉碎了敌人的封锁和围困。1950年朝鲜战争爆发，毛主席提出"抗美援朝，保家卫国"的口号，这8个字高度概括出兵朝鲜的重要性，言简意赅、事昭理明，充分赢得了广大军民的理解和支持，所以才有了"三军将士前赴后继上战场，全国人民同仇敌忾支前忙"的情景，最终取得抗美援朝战争的胜利！

党在各个时期的形势、任务和目标都各不相同，但是都提出了一些一呼百应、鼓舞人心的文宣口号，这些口号有一些共同的特点和规律。

一是为党发声、为民着想。始终把党的战略目标、行动纲领与人民的现实需求紧紧结合在一起，以人民利益为根本出发点，所以才赢得了最广大人民的共鸣和认同。

二是策略清晰、逻辑缜密。这些的口号都有很清晰的策略思维和严谨的表达逻辑，前面有行动策略和解决方案，后面有清晰的目标和现实需求，如土地革命战争时期提出的"打土豪，分田地"，"打土豪"是手段，"分田地"是目的，6个字将方法和目的的逻辑关系理得非常清楚；抗日战争时期提出的"自己动手，丰衣足食"，"自己动手"是解决之道，"丰衣足食"则是现实目的；"抗美援朝，保家卫国"，前一句是行动纲领，后一句则是现实目的，这种既有实效的行动策略，又有清晰的目标导向所构成的逻辑句式，不仅朴实可信，而且具有强大的说服力和感染力！

三是言简意赅、通俗亲民。这些口号总是通俗易懂、言之有物，不仅走心对味，而且上口易传，这不仅是亲民爱民、与民同心的群众观的体现，更是长期的革命实践中深切领悟的传播真理，任何事物包括思想主张，只有从群众中来，才更容易到群众中去，只有与群众同声相应、同气相求，才能真正获得信任、支持和积极响应。

四是语言功力深厚、点石成金。毛主席的政治宣传能有如此多的慧心妙语，都源于他出神入化、点石成金的语言功力。毛主席一生博览群书、视通古今，不仅传统文化底蕴深厚，而且善于推陈出新，表现出化腐朽为神奇的语言才能，无论是古代诗文、民间俗语或群众口号，只要经他的引用或化用，立刻就变得生动鲜活、别有新意且力逾千钧。

言之无文，行而不远。毛主席不仅是开一代文风的语言大师，更是善于以微言大义的传播大师，他博大精深的文案能力，除了其超凡过人的远见卓识、心系百姓的平民情怀、炉火纯青的写作技能，还与他对传播规律的透彻领悟及独到见解有重要关系。我们从那个时代所有政治宣传策略中都可发现一个重要规律，党的方针政策的宣传从来都不只是简单的传达和告知，更重要的是感召和发动，这样的传播原则就对宣传文案提出了更高的要求，而这样的要求从商业文案的角度讲也是文案质量的最高标准：广泛周知、有力说服、全面发动和深刻改变。

实效文案的六大写作要领

要想将文案的功能发挥到极致，必须遵循实效文案写作的基本策略，这些策略归纳起来就是六大写作要领。

1. 所有文案写作都必须服从清晰的目标和策略指引

美国一家大型量贩店，有人在纸尿裤卖场张贴了一句文案，结果大幅提升了另一件商品的销量，这件商品跟纸尿裤完全不同，价格也较之纸尿裤高出很多，大家知道是什么商品吗？还是先看看那句文案怎么说吧！

"想不想记录孩子此时此刻的可爱模样呢？"

大家猜出来了吗，卖场负责人在纸尿裤陈列区布置的商品就是"抛弃式相机"。

经常来纸尿裤卖场的十之八九都是有小孩的父母，而且使用纸尿裤的孩子，都处在新生儿到两三岁这段可爱的时期。

第一次翻身、第一次坐起来、第一次学会爬、第一次扶着东西站立、第一次迈出步伐、第一次喊出"妈妈"……这些来自孩子生命中的诸多第一次，带给父母太多的惊喜和感动。这样的时刻是稀有且再难重复的，因此更是弥足珍贵和值得纪念的，当身处现场的父母看到这种极有场景感的提示文案时，就会开始想象孩子活泼可爱的样子，他们那些埋藏在日常生活中的欲望和需求瞬间就被点燃了。"好想留下孩子可爱的样子"是他们此刻最强烈的执念，于是购买就产生了。

只不过是一行简短的文字，就将顾客带到"非买不可"的状态，从而促成了新的消费行为，让人冲动买下原本不可能购买的高价商品。文中完全不需要"心动不如行动"等煽情的废话，因为读者想象力的开关一旦被开启，身体就会不由自主地行动，有卖货能力的文案一定要能为顾客设计一种想象中的美好，让顾客在想象中产生购买的冲动。

文案写作的起点就是思考"希望读者产生的反应",聚焦于这个目标倾力而为,读者被打动的概率会成倍增加,因为只要锁定一个明确的目标,就会有清晰的方向和想要传达的信息,人就会有预期的行动,这就是"一个信息,一个结果"的写作原则。

一些人在动笔之前没有想明白文案写作的基本目的,不清楚自己希望读者读完文章应该有何反应,写作时只想着把要传达的内容罗列出来,全部塞给读者,压根儿就不考虑哪些内容能触发回应,就像操办一场款待客人的晚宴,事先没有考虑举办晚宴的目的、被邀请客人的喜好及晚宴的基本菜谱,随心所欲地采买一堆食材,做出来的可能是一桌既无特色又不对客人胃口的大杂烩,完全无法预料这种晚宴的最终结果。

文案唯一的目的就是让人"行动起来"。有价值的文案,不只是让人阅读,更是让人行动,所以在动笔写作之前,先要设定好文案目标和写作策略,清楚地知道目标人群是谁,他们平时怎样与人交流和吸收传播信息,想通过文案向他们传递什么信息,并希望对他们造成何种积极的改变,什么样的关键信息会更容易吸引并打动他们,什么样表达方式和语言风格更容易取悦和取信于他们,承载文案的媒体和场景有什么特点,对文案的呈现方式有什么特殊要求等,只有把这些问题思量清楚,并以此形成写作思路,写出的文案就不会出现"下笔千言,离题万里"的尴尬局面。

真正的好文案就是给顾客预备的行动纲领。文案写作的行为法则是:在动笔之前先动脑,想清楚写作目标和内容要点,并构建好引发顾客行动的沟通预案,好文案就会呼之欲出!

2. 打动人心必先通晓人情

什么样的文案才能撩拨人心?人们最愿意读的就是写给自己的文章,或者至少是与自己有关的文章,因此在下笔之前,首先必须想清楚与读者关联度最高的信息要素有哪些,以及他们在阅读文案时可能产生的反应。如果没有这样的情境预设,即使写出的文案立意深远、结构缜密、文笔华美,未必会有人愿意耐心地读下去,因为读者真正等待的,是一篇写给自己的文章。

如果在心目中锁定的目标读者形象越清晰具体,行文措辞就会越精准有力。例如,向没有预购理财知识的民众介绍"国债",擅长表达的人就会说"国债就是国家借的钱",简单明确,一听就懂,当然严格来讲,这个说法并不严谨,因为国债可以买卖,虽然是贷款,却可以像商品一样流通。

但是,如果要详尽无误地说明国债的具体特点,文案一定会变得冗长且琐碎,令人望而生畏不愿细读，因此在写作时，不需要总是传达百分之百正确完整的资讯，根据读者的信息需求及信息理解能力进行取舍，有些内容可以选择性地忽略，有些内容则可以选择性地强调，这大概就是我们常说的"合理选择"吧。

想要写出扣人心弦的文案，与其花时间思考自己想写的内容，远不如将时间花在了解读者喜好和阅读情绪上，时刻想着读者"怎样读"或"读到什么"，而不要想着自己在"说什么"或"说多少"，这样出来的文案一定差不了。

另外，在下笔之前要先了解读者与人沟通时的语言习惯，尽量不要用自己的语言习惯写作，尝试着将自己抽离写作状态，记住能够打动人心的文案都可以用8个字形容："关切痛痒、对味走心。"

"关切痛痒"就要求文案话题切入点及所讲的内容一定是读者当下所需要或在意的，"对味走心"则要求文案陈述的方式和调性一定是符合读者阅读习惯和交流方式的，所有让读者觉得"词不达意"甚至"话不投机"的文案一定是背离了上述原则，最终都会无一例外地遭到漠视或厌弃。

例如，在购买手机时，不同消费者的关注点是截然不同的。男性可能看重功能、硬件、档次、价格等，女性则可能更关注外观、拍照功能，而"发烧友"可能关注设计和品牌等。正因为有这些不同群体的洞察，才有了"为发烧而生"的小米手机和"照亮你的美"的vivo手机的大卖特卖。

什么样的信息容易触及消费者痛痒并引发强烈回应，这里请大家掌握一个能够操控人心的"HARMS"文案痛点法则，这个法则所包含的要素基本囊括了人类所有的心理诉求，如果文案的内容符合"HARMS"文案痛点法则的某些要点，有相关需求的消费者一定会被打动并引发强烈反应，具体而言，"HARMS"文案痛点法则包含下列五大范畴。

H是"健康"（Health），包括减肥、个人形象提升、生老病死等所有关乎身心健康的问题。

A是"期望"（Ambition），原本是野心或宏愿，这里则解释成"想要达成的愿望"，理想的工作、出人头地的愿望等也包含在内。

R是"人际"（Relation），包含了各种人际关系、利害关系、个人形象与社会角色认同等。

M是"金钱"（Money），包括收入及一切涉及个人财产增减，如投资置业、储蓄等问题。

S 是"安全"（security）包含一切规避风险的事项和行为，如生活和工作环境、职业和感情危机、各种有保障的事项及能避免损失的现象等。

上述五大范畴是大众在日常生活和工作中最常态的痛痒关切点，文案话题只要切入这五大范畴，就一定会有相关读者主动关注并产生积极回应。

英文培训学校的招生文案大多是："学好英文，大有前途。"这种说法本身没有问题，但太过抽象虚幻，难以触及读者现实痛痒，完全是正确的废话。真正有吸引力的文案可以这么写："现在有很多月薪3万元以上但需要会英文的工作，你想要吗？"

世事洞明皆学问，人情练达即文章。文案写作的重点不是自己想要表达什么，而是思考给对方带来什么，以及对方可能产生的回应，并以此为出发点形成文案的内容框架、行文逻辑和表达方式。所有有效的文案始于对人情的了解和人心的洞察，只有真正知晓世道人心的写手，才能写出深得人心的好文案。

3. 用文字制造场景感

精明的汽车销售员在借助产品说明书介绍汽车性能与品质的同时，一定会穿插着刺激顾客想象力的词汇，如果把"你想开车去哪里呢？"改成"你想载着谁呢？"就能让顾客想象自己开车的场景，或许是与女友约会、接送孩子、周末前往高尔夫球场，或许是半夜下班行驶在回家的路上……

只要能让顾客产生这样的想象，原本可能为零的购买欲，至少增加到10%以上，如果这时再告诉顾客"周末有试车活动"，应该会有很多人想着"去看看吧"而采取行动。

写出能激发想象力的场景是实效文案写作至关重要的技巧之一。英国前首相丘吉尔曾在分享他的演讲经验时特别强调，唤起听众热情的最有效的办法就是在他们脑中描绘出一幅图画或场景。

"前几天，我在你推荐的餐厅品尝了牛排，真的很好吃，名不虚传。"

"前几天，我去了你推荐的那家牛排餐厅，刀子切下去的瞬间，牛排的肉汁流出来，香气四溢，好吃的令人销魂。"

很显然，第二句话更有吸引力和感染力，因为有细节、有场景，更能刺激人的想象力和食欲，场景与人物当下的表情都历历在目。

如果将"有恋爱烦恼时必看的电影"改成"你真的喜欢我吗？在问男友这句话之前，最好先看看这部电影。"是不是会更加吸引人。因为加入了一个恋人间最常见、最关切的敏感问句,"你真的喜欢我吗?"是每个女孩面对男友时都会思考和关切的问题,这个问题出现在文案里,使信息的表达具有十足的场景感和代入感,容易引起读者的特别关注,甚至可以想象女性读者在读到这篇文案时若有所思的表情。

成熟的文案写手一定是场景制造的高手,能在头脑中时刻想象着对面就站着读者,并能预设读者的阅读情绪,而后用文字营造一种引人入胜的场景,将读者带到幻想中。

如果你要向读者推销《水浒传》这本小说,应该怎么说?"《水浒传》讲的是一伙啸聚山林的英雄好汉对抗朝廷的故事,非常精彩,值得一读……"你认为这样的叫卖会有效果吗?如果换成《水浒传》讲的是3个女人和105个男人的故事,你想不想知道?"效果可能就大不一样了,八卦情节更容易在人的头脑中建构想象空间,从而激发人的好奇心和知情欲!

"新型劳斯莱斯汽车的时速约97千米/小时,最大的噪音却来自驾驶室内的电子钟。"比起"劳斯莱斯汽车密封性好,没有噪音。"的说法是不是更有场景感,更能激发读者兴趣呢?

要表现而不要表达。有魔力的文案都会赋予文字信息以鲜活生动的场景感和故事感,将读者带入预期的幻象中,让他们不断延展和深化对文案内容的理解。

4. 不写美文,多说"人话"

实效文案的写作,最大的忌讳就是追求"漂亮而有文采",因为这一方面背离了文案"传播信息、沟通思想、激发行动"的实用主义行文法则,另一方面过多修饰的文案会淡化信息的纯粹度和真实感,作者在文字上的炫技还可能让读者心生反感而成为阅读障碍,所以想要写出动人的文章,就要坚决抑制"唯美唯雅"的念头,学会用自然、真诚且不加修饰的文字把读者需要的信息准确表达出来,这样会更有说服力和感染力。正如亚里士多德所言:"文章的力量来自逻辑、情感和真实性。"

"漂亮的母鸡不生蛋,漂亮的文章不卖货。"只有站在读者的立场,用他们习惯的方式说话才有触发共鸣、感染人心的关键力量。很多时候,一篇文案的好坏在下笔之前的腹稿阶段就已经决定了,但凡具有吸引力和可读性的文案,都会让读者有一种"见字如晤"的对话感,尽可能让读者感到不是在读文案,而是在拉家常。要想将读者带到自然轻松的对话场景中,就必须把握一个重要原则——尽量"说人话"!

"你的能量超乎你想象""成就天地间""善建者行"等这类"高大上"的话语,会有多少人能听进去?

"冷热酸甜、想吃就吃""弹弹弹，弹走鱼尾纹""保证 10 天修复，否则分文不取"，这种通俗实诚、充满人情味的话语是不是更容易走进人心？

在什么山唱什么歌。最有沟通力和感染力的文案都是站在用户的角度的，说人话，才能通人情、近人心，尤其在信息流速不断加快的时代，文案传播只有简单直接有人情味儿，才会真正有人"搭理"你。因此，在实效文案的江湖里，"不写美文，多说人话"应当成为文案写手们行文叙事必须恪守的黄金法则！

5. 好标题是文案的生命线

在绝大多数传播文案中，标题始终都是最重要的部分，大多数读者在读过标题后，都会因标题的吸引力决定是否继续阅读全文。如果标题足够吸引人，读者就可能会进一步阅读正文内容，如果标题不够"给力"，不管正文内容多么精彩，读者都有可能视若无睹就此略过。广告教父大卫·奥格威曾经说过"读过标题的人比读过内容的人多 4 倍"，可见一个"吸睛"力十足的标题，对于文案信息的成功传播多么重要。

标题是实效文案的生命线，是争夺读者最重要的"火力点"。标题缺乏吸引力，文案就失去了抓住读者的重要机会，反之，标题如果抓人眼球，吸引读者的机会就会大大增加，而且正文的撰写也会容易得多。

什么样的标题是好标题？什么样的标题能夺人眼球、扣人心弦、引人入胜并催人买单？必须符合下列四大法则（见图 10-2）。

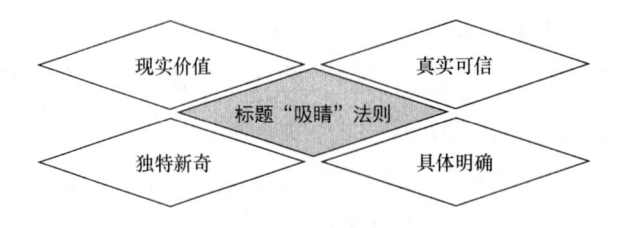

图 10-2 标题"吸睛"法则

（1）标题必须有现实价值。人的视觉具有趋利导向，有现实价值的信息肯定比空洞无聊的信息更引人注目，所以一个好的标题必须蕴含着利益的诱导，让人一看就知道传递的是什么有价值的信息，与自己有何利益关联等。

"如何一个月轻松减重 5 斤？"

对于想要减肥的读者，这样的标题是不是很吸引人，是不是会急于阅读下文呢？所以标题的撰写，要突出带给读者的核心利益或现实价值，建立吸引阅读的基础。

（2）标题必须独特新奇。追新猎奇是人们的天性，人们对于新奇的东西总是情有独钟，不能满足人们好奇心的东西是很难走进读者视野的，尤其在信息同质化的时代，只有新奇独特的内容才能入眼入心。如果标题缺乏必要的新奇感和鲜活度，意味着文案还没有开始传播就被判了"死刑"。所以新奇独特的标题是文案走进人心的第一道特别通行证！

（3）标题内容必须具体明确。标题决不能云山雾罩、空洞无物。一个内容充实、立意明确的标题会给人平添信任感，而一个夸夸其谈、言不及义的标题只会让人一头雾水、望而生厌。例如，"今年夏天，我和草原有个约会！"从这样的标题中你能了解到什么有价值的信息吗？如果改成"今年夏天，你只需要花费 1000 元，就能畅游大草原，5 个去处等着你！"是不是更靠谱且更诱人？

（4）标题必须真实可信。诚信无欺是文案写作的底线原则，标题在任何时候都不能弄虚作假、自欺欺人。有些人为了博人眼球，费尽心思炮制耸人听闻、荒诞离奇甚至夸张骗人的标题，最终不仅没有赢得流量，反而因为发布虚假信息引来消费者的口诛笔伐，严重者甚至因为违法或违规受到制裁。真实可信不仅是文案赢得人心的重要基础，也是文宣工作者必须恪守的道德准则。

那么，如何才能创作出叫好又卖货的文案标题呢？这里有 8 个技巧可供参考。

（1）倡导新消费观：输出全新消费观念吸引读者关注。如"不在乎天长地久，只在乎曾经拥有""归属感是个不能轻易交付的东西"。

（2）"智造"重大新闻：以渲染新闻事件的方式描述新鲜事物。如"站起来的滚筒洗衣机""可以穿的化妆品"。

（3）引发读者的好奇心：提出反常现象引发读者的好奇心。如"为什么男人永远比女人年轻七岁""现在，耳背的人也能听到窃窃私语""没有时间去耶鲁，只好在家上大学"。

（4）暗示可走捷径：投机取巧走捷径是很多人无法抗拒的诱惑。如"只需两年，就能挣到在北京买房的首付款"。

（5）树立风尚标杆：普通人都爱"追风赶热"，树立一种风尚标杆，读者就会放大瞳孔。如"学霸们都在用的 App""看热闹不如进来凑热闹"。

（6）揭示神奇真相：人们对解密等话题总是充满痴迷，示之以真相，赋予知情权，读者就会感兴趣。如"你所不知道的提分密码""原来一天一个香蕉的作用这么神奇"。

（7）提出解决方案：针对用户难以解决的痛点，直接提出解决方案。如"给我半个月时间，还你一头黑发""如果你在北京找房子困难，看完这张广告再下车"。

（8）承诺止损担保：行为经济学家丹尼尔·康纳曼认为，人在遭受损失时感受到的心痛，远比获得利益时的喜悦更大，所以只要关于避免损失、避免风险的广告总是能够吸引一大批人的关注。如"学会换机，免费""不满意保证退款"。

掌握并善加运用上述 8 个技巧，写出高关注度的标题就不会是难事。当然，所有出色的标题的产生都必须依附于一个令人心动的行销创意点子，所以在动手撰写标题之前，最明智的做法是反复拷问自己：你所面对的目标对象究竟是谁，他们当前最感兴趣的东西是什么，他们最在意产品的哪些特质和功能，什么样创意噱头能够吸引他们，什么样的信息能让他们亢奋，什么样的关键词能让他们怦然心动……只要对上述问题了然于胸，那些走心动人的标题就会妙手偶得，因为真正"吸睛"且动人的标题并不在我们的大脑里，而是在消费者的心智中，只要心中装着消费者，何愁没有神来之笔！

6. 以口代笔的文案质检

写文案的过程是一个不断盘点整合信息、理顺思路和反复试错的过程，堪为杰作的文案都不是文不加点、一气呵成的，而是不断推敲、反复修改锤炼的结果。在写作过程中，要允许自己有词穷语塞和思维打结的时候，但千万不要遇难而止，坚持写下去，边写边找语感，先列出所有的要点，然后再编辑、提纯、优化和完善。很多作家和写手在写作过程中都有一个心理障碍，总对已经写过的内容不满意，这个时候最好的办法就是不要停下来，也不要急于修改写过的内容，而是硬着头皮写下去，就像急行军，再苦再累也不能半途而废，先咬紧牙关赶到终点，然后再恢复、补充和加强战力。

如果实在写不出来，一个最易打开思路的方法就是以口代笔，尝试着用口述的方式说出想要表达的东西。假设读者就坐在你面前，你先想着和他说点什么，怎么开口讲第一句话，怎么打开话匣子，整个讲话围绕什么目的和话题展开，你期望他有何反应，以及聊天谈话的场景和过程……这时候你会发现自己很快就能找到感觉，思绪像暗流一样涌动起来，平时那些搜索枯肠也难找到的鲜活的词句和贴切的修辞，也会源源不断地汇聚在脑海，"冷脑"的局面一下子就被破解了。

我们有时候笔下的文字之所以显得艰涩、别扭且乏味，很有可能是我们无意间把文案写作当作一种严肃的学术论文来写作。精彩的文案很难在过于严肃拘谨的心境下诞生，这是很多文案高手都心知肚明的创作圭臬。当写不出东西的时候，就先尝试着让自己放松情绪，并换一种更轻松的表达方式来开启思路。如用与人聊天似的口吻将内容要点说出来，这不仅有助于快速打开思路，还能帮助检查表达逻辑和语言的质量，因为口述是一种窘困测试，想象站在别人面前，大声地表达你的思想和建议，如果觉得自己的口述思路清晰、逻辑严密、语言流畅而有说服力，那就意味着一篇完整的文案骨架已然成型，只待整理润色、完善成文；如果口述起来言辞笨拙、语无伦次、令人尴尬，那你就知道哪里有问题，应该如何修缮了。这种检验是敏锐的，大声口述并注意聆听，所有的问题会一一暴露出来，因为语言倾向于以一种完美的形式表达出来！

另外，经过口述催生的文案，也有一种浑然天成的亲切感和人情味，这不正是我们所需要的"人话"吗？

功夫在诗外

"板凳要坐十年冷，文章不写一句空。"我对这句话始终抱持不以为然的态度。10年冷板凳坐下来，不接触世界、不了解人情，只用屁股指挥脑袋，怎么能憋出言之有物、热气腾腾的好文章呢？

文案写作在很多时候就是一个开发创意和优化表达的过程，而不是一味地绞尽脑汁向壁虚构。由于文案具有使命感和利他性，一则文案的诞生必须受制于诸多因素，如商业环境、产品特征、目标人群、竞争格局、人文风尚、行销策略、媒介特点等，因此在动笔写作之前，务必对上述问题了然于胸。这种了然于胸就是酝酿写作策略和创意表达方式的信息内化过程，比正式动笔写作还要重要。随着你对上述问题的了解逐渐深入，很多创意点子和表达思路也会不知不觉潜滋暗长。最后形成文字的过程，不过是对你早已成竹在胸的腹稿进行书面整理而已，所以真正出彩的文案首先必须立足于扎实深入的事前功课，成熟的表现策略和精彩的营销点子，最后才是良好的语感和写作功底。

"器识为先，文艺其从。"从能力养成的角度讲，一个真正优质高产的文案作家通常也是一专多精的杂家，其至少具备四种能力：策略思考能力、用户洞察能力、创意想象能力和文字表现能力。只有这四种能力都具备了，才能持续保证文案的优质率，这在很大程度上需要文案写手在成为高手之前，有丰沛广域的知识储备和宽阔广角的创意视野，同时不断更新充实自己的"智慧内存"，以保持思维的鲜活和敏锐，这大概就是古人所说的"功夫在诗外"吧。可见在文案的江湖里，只有真正博闻强识、勤勉自励、不断精进的写手，才能笔参造化，不断用煽情、戳心、魔性的文字创造"信息氢弹"，启世人心门、鼓天下之动。

最后模仿黄埔军校的大门楹联句式寄语读者，一起共勉。

上联：仅有文字功底，莫入此门。

下联：若无创意智识，请往他处。

横批：文案是个技术活

本章内容要点温习

1. 文案与文学的最大区别在哪里？
2. 文案策略五感法则是什么？
3. 实效文案有哪六大写作要领？

第 11 章　心中有数

唯有心中有数，方能胜券在握。

在 2009 年 H1N1 甲型流感暴发的几周前,谷歌公司的工程师在网上发表了一篇论文,成功预测了 H1N1 甲型流感在全美范围的传播。

谷歌公司是通过人们在网上搜索的记录来实现这个预测的。谷歌公司保留了多年来所有的搜索记录,而且每天还收到来自全球超过 30 亿条的搜索指令,处理 4.5 亿个不同的数字模型,非常及时准确地判断了流感是从哪里传播出来的,甚至具体到特定的地区和州,而且判断非常及时准确。谷歌公司的预测与官方的预测有高达 97% 的相似度,但是比官方发布的预测结论要提前半个多月,成了一个更有效、及时的判断指标。

谷歌公司的成功预测就是建立在大数据的基础上的,通过对海量数据进行分析,获得有前瞻性、规律性和指导性的深刻洞见,为官方正确判断和应对疫情提供了及时有效的决策参考。大数据已成为当今世界不可或缺的信息资源,正在影响和重塑我们的生活。

数据的世界真奇妙

数据（Data）在拉丁文里是"已知"的意思，在英文里的解释是"一组事实的集合，从中可以分析出结论。"笼统地说，凡是用某种载体记录下来的、能反映自然界和人类社会某种信息或现象的，皆可称之为数据。古人结绳记事，那些绳子上打的结就是数据；步入现代社会，信息的种类和数量越来越丰富，载体也越来越多，所有用文字、图像、音频、视频等表现出来的信息都是数据。

随着数据的应用日渐广泛，数据的价值越来越重要。为了凸显数据在当今社会的重要作用，《大数据时代》一书的作者维克托·迈尔·舍恩伯格特意在"数据"两字前面加了一个"大"字，并对"大数据"做了专门的定义和诠释。

第一，"大数据"并不是很大或很多数据，也不是一部分数据样本，而是关于某种现象的所有数据。也就是说，大数据不是胡子眉毛一把抓地将各种杂乱无章的数据汇集一处，而是针对某些特定事物或现象的数据归类与汇集。

第二，由于事关某种现象的所有数据，那么统计时就允许更多不准确、不靠谱的信息。数据只是反映某种状况发生的概率与可能性，因此任何数据最终形成的分析结论都不是绝对的。

第三，大数据重在告诉人们"是什么"或"发生了什么"，而不会告诉人们"为什么"。也就是说，数据本身只反映了事物的某种现实状态或表面现象，但无法揭示事物背后的因果关系与内在逻辑。

关注大事而忽略小事是大多数人的习惯，就像很少有人会关注一个人的坐姿能有什么玄机一样。日本先进工业技术研究所的教授越水重臣在这个问题上做了一个有心人，他通过研究一个人的坐姿，并将其身形、姿势和对座椅产生的压力进行量化，最终借助其中的某些数据指标开发出一种高度智能化的车辆防盗系统。

越水重臣和他的工程师团队在一辆汽车座椅下安装了近 360 个压力传感器,用来测量人对座椅施加压力的方式,再把通过臀部作用于座椅的细微特征转化为独属于每个乘坐者的精确数据,这些数据根据人体坐姿的习惯性变化,以及身体对座椅的压力形成个体差异,最终能识别乘坐者的身份,其准确率高达 98%。

这项技术可以作为汽车防盗系统来应用,有了这些个体差异显著的坐姿数据,汽车就能识别驾驶者是不是车主。如果驾驶者不是车主,系统就会要求驾驶者输入密码。如果驾驶者无法准确输入密码,汽车就会自动熄火。

把一个人的坐姿转化成数据,不仅具有防盗功能,还可通过收集的数据识别出盗车贼。除此之外,这些数据还能创造出一些新的服务和新兴产业。如通过汇集相关数据,利用事故发生之前的司机姿势变化情况,分析坐姿和行驶安全之间的关系,这个系统同样可以在司机疲劳驾驶的时候发出警示或自动刹车。越水重臣就是从这些最容易被人忽视的细节中挖掘数据,并通过对数据的量化研究和转化,最终发现和创造出新的商机与产业模式的。

越水重臣的数据研究及其取得重要成果的过程,完全符合维克托·迈尔·舍恩伯格对大数据特点的定义:①他的数据研究主要就是针对驾驶者坐姿与臀部这一特定事物进行的;②数据只能反映驾驶者的坐姿及身体对座椅产生的压力差异的概率性变化;③越水重臣所有的数据样本只反映坐姿对座椅产生的压力变化的现象,但无法直接反映这些变化背后的某些规律,要发现和运用规律,则最终还得依靠人类对数据的分析、判断和创造能力。

大数据的应用不是从今天才开始的。创作于 2000 多年前的《易经》中有句话:"参伍以变,错综其数,通其变,遂成天地之文;极其数,遂定天下之象。"这大概是古人对大数据价值进行透彻注解的最早文献。

古人对世界和自然规律形成的朴素认识很多也是基于数据思维的。古人对劳动生产的经验总结离不开"仰观天象,俯察地理",尤其在遥远的石器时代,人们面对自然现象的变化无常,总是惊恐茫然、束手无策,那些指导农事的节令十分混乱,为了让整个部族了解天时和自然变化的规律,掌握生产生活的主动权,古人通过长时间观察日月运行和时序流转,在记录天时变化和季节交替的历史数据中发现大自然变化的一些重要规律。如每隔 360 多天,不同的季候特征和相应的自然现象就会重新轮回,正如一首诗中所言:"日出日落三百六,周而复始从头来。草木枯荣分四时,一岁月有十二圆。"这些用数字描述的自然规律,通过不断丰富完善最终发展成为指导人们顺应自然、科学生产和有序生活的万年历法。

可见，万年历法作为古人了解自然并正确运用自然规律的根本方法，是人类与大自然相互依存、和谐共处的永久契约，也是人类在对自然物理变化的大数据进行分析、洞察和深刻总结的基础上形成的朴素方法论和伟大的智慧结晶。

古人不仅利用数据发现和总结自然规律，在治国理政上也体现了大数据思维。战国时期的商鞅就曾提出"强国知十三数……欲强国，不知国十三数，地虽利，民虽众，国愈弱至削"等"循数"治国的主张。今天的政府在城市治理上将大数据的作用发挥得更加充分，以往很多地方政府做决策多依凭经验和局部数据，难免"头痛医头，脚痛医脚"。例如，出现交通堵塞就想到多修路，如今同样是解决交通问题，只要利用大数据分析，就可以清楚地知道哪个时间哪个路段容易出现堵塞，以及形成堵塞的根本原因，而后对症下药、精准施策，或在这个地段附近修路分流，或提前预警，引导居民合理安排出行，实现对车流、人流的最佳配置，以改善交通状况。

通过数据来探索世界、发现规律，贯穿了人类社会发展的始终。人类科学发展史上的不少进步都和数据采集分析直接相关。例如，现代医学流行病学的开端——伦敦 1854 年发生的大规模的霍乱，很长时间都没有办法控制，一位医师用标记地图的方法研究了当地水井分布和霍乱患者分布之间的关系，发现有一口水井周围的霍乱患病率明显较高，借此找到了霍乱传播的根源——一口被污染的水井。在关闭这口水井之后，霍乱的发病率明显下降。这种方法就充分展示了数据思维的力量。

世界就是一系列大数据问题，大数据正在全方位地发挥着影响力。在 2012 年美国总统竞选中，奥巴马竞选阵营的数据挖掘团队针对三个最根本的目标（让更多的人掏更多的钱、让更多的选民投票给奥巴马、让更多的人参与进来），为竞选活动搜集、存储和分析了大量数据，并以此为依据形成了卓有成效的竞选活动方案。大数据从资金筹集到选民分析都给竞选团队提供了完整的支持，最终促成了奥巴马的成功连任。

在选民分析上，针对 1000 多个特征的群体，就被说服可能性和影响力重要性进行排序，数据研究团队每晚要进行 6.6 万次选举模拟演练。

在资金筹集上，奥巴马的数据挖掘团队在过去两年搜集、存储和分析了大量数据，针对不同选民采取相应的募集措施，最终为奥巴马筹集到创纪录的 10 亿美元竞选资金。

在竞选活动宣传及选民拉票传播造势上，利用大数据对各种传播工具与推广手段的效率和效果进行了精确分析并形成科学规划，最终使宣传推广效率提升了 15% 左右。

在整个竞选过程中，奥巴马团队的广告花费不到 3 亿美元，而竞争对手罗姆尼团队则花了 4 亿多美元却最终落败。一项民调显示，80% 的美国选民认为奥巴马比罗姆尼让他们感觉自己更加被重视。

对于运用大数据赢得选举的胜利这一成功战略，奥巴马竞选团队总负责人吉姆·梅斯纳非常自豪地称：在整个竞选活动中，没有数据做支撑的假设是不被认可的，我们在竞选活动中测量每件事情，从数据中发现问题并确定对策，创造了利用大数据赢得竞选的成功先例。

大数据资源在人类社会生活中日益广泛的有效应用，标志着人类在寻求量化和认识世界的道路上前进了一大步。过去不可计量、存储、分析和共享的很多东西都被数据化了。我们经常提到的概率其实就是大数据研究和应用的结果，只不过早先的数据研究只是一种辅助性手段，其功能的重要性未引起人们足够的重视，而今天的大数据已成为不可或缺的重要资源和技术手段，用一位企业家的话说，大数据是人类创造的一种可再生、可共享的"新能源"，越来越成为新发明和新事物产生的关键力量。

可以肯定地讲，大数据也将成为一种重要的商业资本，以及重要的经济活动和新型商业模式的信息基石。虽然大数据还没有被列入企业的资产负债表，但那只是一个时间问题。

数据处处有商机

大数据研究作为一种具有重要价值的信息开发工程，正在为企业优化经营管理提供前所未有的强大助力，尤其在企业发现商机、创新模式、改善经营，以及升级产品、提升服务、精准营销等经营行为中发挥着不可替代的作用。数据已经渗透到当今每个行业和企业的业务领域，成为重要的生产和经营资源。

途家公司"旅游短租"商业模式的成功构建，就是得益于对三个行业（一是房地产业、二是旅游业、三是酒店业）的数据进行富有创见的研究。这三个行业在各自发展的过程中形成的某些数据使它们产生了潜在的关联，途家正是在这些特殊的关联中捕捉到了全新的商机。

中国房地产业经过近 20 多年的快速发展，除了推动中国城镇化快速发展，改善和提高百姓的居住条件与生活质量，同时也促进了以房地产为核心的关联产业生态的快速发展，还留下了一些闲置房产。这些闲置房产大多在旅游业相对发达的城市和地区，而且很多房产已闲置多年，这就意味着盘活这些的闲置房产已成为很多房产所有者们最急迫的潜在需求。

再看旅游服务业，中国已经发展成全球第二大旅游消费国，国内旅游消费排名居全球第一，家庭游和休闲游正在快速兴起，以家庭为单位出行的居住需求越来越多元化。中国很多旅游城市的酒店业远未跟上旅游业发展的节奏，客房资源在旅游旺季处于供不应求的状态，而且对于家庭游客来讲，很多酒店客房价格偏高，多元化且性价比高的旅游住宿服务成为旅游行业的重要需求之一。

针对盘活闲置房产、提供性价比高的旅游住宿服务这两大现实需求，途家发现了契机，有针对性地开创了"旅游短租"的经营模式，即让那些在旅游城市有闲置房产的业主将房屋简单装修并配齐日常生活用具，交给途家经营和管理。途家通过自行开发的各种行销与服务系统招揽游客入住。这样一方面让业主闲置的房产有了收益且房屋也得到保护，另一方面以家庭为单位的游客住在有居家氛围的房子里，不仅比住在酒店里舒服自在，方便相互照顾，而且每天的住宿花费远比住酒店低。

这种一手托两家的"撮合"服务模式，不仅让业主的闲置房产得以盘活增值，更是很好地满足了家庭游客对高性价比住宿条件的需求。途家也通过提供专业优质的托管服务获得丰厚的收益，同时成为将不动产、旅游和酒店跨界整合的新业态的开创者。

据统计，中国机动车保有量迄今为止已达 3.1 亿辆，其中小汽车超过 2 亿辆。全国共有 49 个城市的汽车保有量超过 100 万辆，23 个城市超过 200 万辆，6 个城市超过 300 万辆，而全国停车位缺口超过 5000 万个。近几年，国内民众每年在停车费上花掉的总费用不少于 5000 多亿元，预计未来中国智慧停车产业市场规模将达上万亿元。通过这样的数据分析可以预测，"智慧停车"会是未来"钱景"大好的朝阳产业！

数据，让一切尽在掌握

大数据在现代企业经营管理中正发挥着不可替代的作用。制造业过去面临生产过剩的压力，很多产品包括家电、纺织品、钢材、水泥等都没有按照市场实际需要生产，造成了产能过剩和资源的极大浪费。利用电商数据、移动互联网数据、零售数据，可以了解未来产品市场的需求，为客户定制产品，优化库存管理，实现降本增效。

如依据用户在电商搜索产品的数据及物流数据，可以推测家电产品和纺织产品未来的实际需求量，厂家可依据这些数据来规划生产，避免生产过剩。在生产过剩的年代，要想实现更加精准的供需对接，实行恰到好处的匹配资源，就必须利用好大数据，实现有预见性的规划生产，最大限度地提高经营效率、减少资源浪费。

前文讲过，房地产行业在过去 20 多年为中国社会和经济发展贡献了很大的力量，未来粗放型的房地产行业将会转向精细化经营，从选地到规划、从设计到建设，都需要参考当地人口数据和消费者信息。只有在大数据的指引下合理规划、科学决策，才能加快房产销售速度，降低房地产企业的自身负债。

大数据在金融行业的广泛应用就更不用说了。花旗银行利用 IBM 沃森计算机为财富管理客户推荐产品；美国银行利用客户点击数据集为客户提供特色服务；招商银行对客户刷卡、存取款、电汇转账、微信评论等行为数据进行分析，每周给客户发送针对性的理财服务信息。大数据现已成为金融行业提升用户体验、强化精准营销、提高业务效率不可或缺的重要工具。

电商是最早利用大数据进行经营决策的行业之一，在数据资源的占有和使用上具备得天独厚的优势。平台自动汇集的各种数据，不仅样本量大、种类多，而且数据高度集中、质量鲜活、商业应用价值的开发前景非常广阔。电商平台既可以利用数据预测流行趋势、消费趋势、地域消费特点、客户消费习惯、购物偏好、消费行为相关度、消费热点等，还可以依托大数据提供的各种信息，让平台商家在准确把握市场需求和行业动态的情况下，有的放矢地进行产品设计、有计划地组织生产、精准营销产品、改善服务质量、提高库存管理效率等。

美国福特公司的每个职能部门都配备了专门的数据分析小组，还在硅谷设立了一个专门依据数据进行科技创新的实验室。这个实验室收集了大约 400 万辆装有车载传感设备的汽车的数据，工程师可以通过传感设备采集的数据了解司机在驾驶汽车时的感受、外部的环境变化，以及汽车在不同环境下的车况稳定程度等，从而进一步优化车辆操作性、能源利用率和排气质量，同时还通过变扬声器的设置减少车内噪声。

在 2014 年举行的北美国际车展中，福特重新设计了 F-150 皮卡车，使用轻量铝代替之前的钢材，有效减少了燃料消耗，这都得益于技术团队根据大数据估算各项技术的成本和利润，以及实现技术需要消耗的时间成本。福特的高层坚信，分析模型与大数据将是公司未来增强自身创新能力、竞争能力和提高工作效率的重要突破点。

大数据对于企业经营管理的重要价值归纳起来分两个层面。从战略层面，大数据可以帮助企业非常清楚明晰地预判未来发展趋势，掌握行业发展规律，洞见潜在商机，发现新的市场，同时也能减少盲目决策，让经营行为更加有的放矢地，更好地实现成本管理与风险预控。从战术层面，大数据的助力更是体现在方方面面。大数据既可以帮助企业做好用户发掘、消费需求洞察，又可以指导企业制订正确的产品开发计划、创新升级商业模式、优化品牌营销传播策略、完善服务，以及进行营销资源的关联整合等。

无数据，不营销

亚马逊购物平台的成功在很大程度上取决于其"精于算计"的个性化推荐系统。亚马逊推荐系统展现的卓越卖货能力也一直备受业界推崇和借鉴。亚马逊最初创建推荐系统的目的是提高书籍推荐的成功率，根据用户以往买书的各种喜好与习惯，为其推荐可能会喜欢的书籍。亚马逊购物平台利用这一推荐系统首先从每个用户身上捕获大量数据，如他们购买什么书籍，哪些书只浏览却没购买，浏览了多久，哪些书是一起买的等。对这些数据进行分析可以判断用户可能的喜好与需求，及时向他们推荐书籍。这一精准高效的手段后来被亚马逊购物平台扩展到其他类别的商品购买中，最终形成今天我们所看到的全品类推荐的个性化平台。

亚马逊购物平台首先为每个用户构建了一个个性化的商店，帮助用户发现他们没有发现的产品。每个用户在亚马逊购物平台上看到的东西都是不一样的，因为产品都被基于他们的兴趣被个性化定制了。亚马逊把这个推荐系统放到了从产品发现到产品购买的整个过程。亚马逊推荐系统在进行推荐后，用户购买率、转化率可达60%。今天的亚马逊购物平台至少有30%的销售来自推荐系统，其确切数字虽未经官方证实，但推荐算法在亚马逊的重要地位可见一斑。

推荐系统其实就是一种数据信息处理的系统，用来预测一个用户对某个产品是不是很喜欢，或者喜欢到何种程度等。推荐系统越来越被更多领域应用，如今日头条给用户推荐个性化的新闻，优酷土豆给用户推荐视频，虾米音乐给用户推荐喜欢的音乐，当然还有淘宝、京东商城推荐图书、食品、衣服等。除此之外，在社交网络里，Twitter、脸书等都会给用户推荐朋友。总之，推荐系统现在已经成为很多网站、手机应用程序的一部分，这些应用程序和网站依靠推荐系统来提高销量，吸引用户注意力，提高用户活跃度和吸引新的用户。

无数据，不营销。亚马逊购物平台的个性化推荐系统基于用户行为数据的统计分析，从用户在网站的浏览、购物车、历史付款等行为记录中发现其兴趣点和潜在需求，给用户提供满足其个性化需求的产品信息和推荐理由，最终简单、直接且有效地促进了产品销售。

与个性化推荐系统相辅相成的还有能提升服务效率和品质的"预测式发货"。亚马逊公司的"预测式发货"可以通过对用户数据的分析，在用户下单购物前，提前发出包裹，从而缩短用户收货等待的时间，因为从下单到收货之间的时间延长可能会降低用户的购物意愿，导致他们放弃从网上购物。

大数据精准营销的四大价值

利用大数据精准营销有四大价值（见图11-1）。

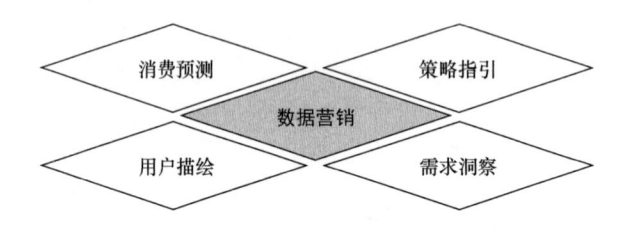

图11-1　大数据精准营销的四大价值

1. 消费预测——配合分析建立消费模型，预测未来的用户消费动向

与传统电视剧有别，《纸牌屋》是一部根据大数据制作的作品。制作方Netflix是美国最具影响力的影视网站之一，在美国本土有约2900万个订阅用户。

Netflix的成功之处在于其强大的推荐系统，该系统基于用户视频点播的基础数据，如评分、播放、快进、时间、地点、终端等储存在数据库后台的数据，进行数据分析，计算出用户可能喜爱的影片，并为用户提供定制化的推荐。

Netflix发布的数据显示，用户在Netflix上每天产生3000多万个行为，如暂停、回放或快进。同时，用户每天还会给出400万个评分，以及300万次搜索请求。Netflix遂决定利用这些数据制作一部电视剧，这就是投资过亿美元制作的电视剧《纸牌屋》。

Netflix发现，其用户中有很多人仍在点播1991年BBC经典老片《纸牌屋》，在这些用户中有许多人喜欢大卫·芬奇导演的作品，用户还大多爱看奥斯卡奖得主凯文·史派西的电影，由此Netflix邀请大卫·芬奇为导演，凯文·史派西为主演翻拍了《纸牌屋》这一政治题材剧。2013 年 2 月《纸牌屋》上线后，Netflix 的用户数增加了 300 万个，达到 2900 万个。

沃尔玛是世界第一大零售集团公司，在全球拥有 4500 多家连锁店，年度销售额超过 4500 亿美元，员工超过 200 万人，每周光临沃尔玛的顾客近 1.4 亿人次。沃尔玛最核心的竞争力就是其数据挖掘和运用的技术。

沃尔玛要求供应商严格监控销售速率、数量及存货状况，将所有销售行为数据化，迫使供应商不断优化自己的物流与供应链系统，通过严密系统的数据化运营实现零库存管理。

沃尔玛通过数据库对不同顾客群体的消费习惯和行为模式了如指掌，不仅包括每个顾客的购物清单及消费额，还包括购物篮中的物品、具体购买时间等，就连购物当日的天气等细枝末节都能做到"有据可查"。沃尔玛公司通过大量数据分析发现，每当季节性飓风到来时，不仅手电筒等飓风用品的销量大幅增加，蛋挞的销量也会增加，因此当季节性飓风来临时，沃尔玛会把蛋挞放在靠近飓风用品的位置，从而促进蛋挞和飓风用品的销量一起增加。

这些都是利用行为数据洞察引导行销的典型成功案例。大数据可以帮助企业描绘现有用户和潜在用户，了解用户的行为规律、发现用户的潜在需求、预测消费动向，并以此作为经营决策的重要依据，同时还可指引企业实行精准营销传播及客户关系管理等。

2. 用户描绘——描绘现有用户和潜在用户，提供可行动的见解

余额宝在 2018 年增长规模达到高峰，到底是谁在使用余额宝，是一群什么样的人撑起余额宝这么大的盘面？

借助同为阿里巴巴旗下的支付宝的大数据资源，我们可以清楚地知道：余额宝的海量样本已超过 1 亿用户，这就意味着中国每 13 个人中就有一个余额宝用户，而这样庞大的客户数量也使天弘增利宝货币基金成为世界上客户数最多的货币基金之一。

为什么余额宝能够成功，极具诱惑的高回报率和产品的易用性，以及海量用户群是确保这一普惠金融模式成功的客观基础。除此之外，天弘基金强大的数据运用能力及对广大用户群体消费需求的深刻洞见才是余额宝走向成功的关键。如果用一句简单的口号来描述余额宝的数据运用能力，那就是"万事心中有数，一切尽在掌握！"

消费互联网的不断深入，给企业及消费者行为带来一系列改变与重塑。其中，最大的

变化莫过于消费者的一切行为都是"可视化"的。随着大数据技术的深入研究与应用，企业的目光日益聚焦于怎样利用大数据来挖掘潜在的商业价值、指导精准营销，于是"用户画像"的概念就应运而生。

用户画像是交互设计之父阿兰·库珀首先提出来的。他认为，用户画像是真实用户的虚拟代表，是建立在一系列真实数据之上的目标用户模型，是根据用户的属性及行为特征，归纳描摹成一种抽象而标签化的形象描述。

例如，某女，35 岁，已婚，有稳定的工作，月收入 1 万元以上，爱美食和旅游，消费类电商平台的团购达人，喜欢咖啡搭配巧克力……这样一连串的描述即为用户画像。

用户画像是某类具有共同特征的用户群体众多属性标签的集合，是某类人的特征集成样本，并非针对某个特定的人。企业通过收集、分析用户的人口属性、社会属性、生活习惯、消费行为等主要标签数据，综合归纳并最终抽象出的整体特征才是企业应用大数据技术获取用户画像的基本方式。

例如，某公司想研发一款智能手表，面向 28～35 岁的男性。通过对大量数据的分析，该公司发现他们对一款自己心仪的智能手表有几个基本的标签化的偏好："材质=金属""风格=硬朗""颜色=黑色或高级黑""价格=轻奢""形态=简约"……这样的需求特征就给新产品的设计提供了客观有效的决策依据。

一个完整的用户画像的数据标签基本包含五个维度：一是自然属性，指用户基本的人口统计信息；二是社会特征，主要是与用户相关的社会行为特征；三是个人喜好，主要包括个人生活方式及相关需求的一些信息要素；四是消费特点，主要是指用户在日常消费行为中表现的常态性特点；五是关键洞察，这是用户画像中最重要的部分，我们所有的用户研究都是为了掌控其人性深处的欲念及潜意识倾向，最终实现对用户的"全方位欲望管理"（见图 11-2）。

自然属性	性别/年龄/地域/教育水平/职业/星座/个人价值观等
社会特征	婚姻家庭/社交方式/信息偏好及接触点/沟通习惯等
个人喜好	兴趣爱好/生活习性/重要关注点/品牌与产品偏好等
消费特点	收入/购买力/常购商品/渠道偏好/购物时间与频次等
关键洞察	特殊行为细节/心理隐痛/敏感反应点/潜意识倾向等

图 11-2 用户画像的数据标签维度

用户画像的本质就是从业务角度出发对用户进行分析，了解用户需求，寻找目标用户。不同企业对于用户画像有着不同的理解和需求，用户画像的信息维度也因行业特点、产品特性和用户特质而有所不同。例如，在金融行业，产品用户画像设计的数据信息维度与其他行业有所区别，除了人口属性、社会特征和行为偏好，还得考虑信用特征。保险行业也是如此，保险公司内部交易系统不多，交易方式不是很复杂，数据主要集中在产品系统和交易系统之中，用户画像所涉及的数据信息主要包括人口属性、信用信息、产品销售信息、用户家人信息等，而兴趣爱好、消费特征、社交方式等信息数据则变得无关紧要。

由此可见，用户画像模型并非一成不变，每个企业都应有一套符合行业特点和企业需求的用户画像方法，这样才能真正从用户画像中获取有价值的用户需求和关键洞察，进而为企业进行精准营销、优化服务提供强有力的策略支撑和行动指引。

3. 需求洞察——发现用户行为规律、需求和营销契机

一份好的用户画像绝不仅是用户基本信息和行为特征及表象事实的简单罗列，最关键的是要从中获得深刻的洞见！

阿里巴巴、京东等电商平台数据显示，中国绝大多数的电商流水产生在上午 10 点以后、下午 3 点以后和晚上 9 点以后这三个时段。这三个时段可能说明了一个职场作息规律——员工早上 9 点到了办公室，处理完邮件安排好第一波工作之后开始买东西；下午 2 点回到办公室之后稍微处理一下手头急务，3 点开始买东西；晚上回到家七八点后，吃饭洗澡，等到九十点又开始"买买买"。淘宝商家就利用"剁手党"们的这种网购"作息"规律，选择上述几个时间节点发起促销秒杀活动，带动销量的增长。

大数据的最大价值不在于总结过去和反映现在，而重在洞察事物发生过程中的某些可能性。

美国第二大超市塔吉特百货是最早运用大数据的零售商之一，他们拥有专业的用户数据分析模型，数据透露出的信息很具有颠覆性。曾经通过大数据精准营销让一个蒙在鼓里的父亲意外发现自己上高中的女儿怀孕了，此事经《纽约时报》报道，轰动了全美。

有一天，一名中年男子闯入他家附近的一家塔吉特连锁超市内抗议："我女儿 17 岁，还是高中生，你们却给她邮寄婴儿服和婴儿床的优惠券，你们是在鼓励她怀孕吗？"店铺经理立刻向来者承认错误，但是该店经理并不知道这一行为是总部数据挖掘和个性化推荐的结果。一个月后，这位父亲前来道歉，因为这时他知道自己的女儿的确怀孕了，预产期在 8 月份。塔吉特的数据预测比这位父亲知道自己女儿怀孕足足早了一个月。

几十年来，塔吉特收集了海量的用户数据，记录了每个用户的行为特征。基于大数据对用户行为进行深入分析之后，系统即针对用户现时需求进行个性化推荐。塔吉特还给每

个用户分配了一个特定代码，公司内部称之为用户号，利用它密切关注用户所购物品。用户要是用了信用卡或优惠券、填了信息反馈表、邮寄了退款单、打过客服热线、查看了塔吉特发送的电子邮件，或者登录了塔吉特的网站，都会被记录下来，并且跟其用户号绑定在一起。总之，尽一切可能了解用户的信息就是塔吉特运行大数据营销的重要内容之一。

江苏有一家科技公司把准备结婚的新人作为目标人群，并把与结婚购物相关的商家加入其中，构成了一个以数据驱动的婚礼服务产业闭环。如一对新人到婚纱影楼拍了婚纱照，大数据平台能根据新人在婚纱影楼的消费情况和风格偏好，大致分析新人后续的消费需求，即时发送奖励和促销短信，如向他们推荐家具、床上用品、家用电器、酒店婚庆酒席等。如果新人购买了中式家具，说明他们偏好中国传统文化，就推荐他们购买中式家居用品等。

4. 策略指引——指引企业确定市场营销策略进行及客户关系管理

老干妈作为年销售额达数十亿元的行业老大，将 20 个品种的产品销往 72 个国家和地区，让企业产值从 2015 年 40 亿元，增加到 2017 年的 50 亿元，年均增长 11.8%，这其中大数据的运用功不可没！

2016 年老干妈投入近 700 万元定制了一套运营大数据监管平台，通过销售监控、最受欢迎产品分析、产品经销商分析、原材料价格监控（产地自然灾害预警）等模块，优化对原料采购、产品生产、成品销售等环节的控制和管理。

如老干妈根据平台监测结果，对植物油火锅底料、糟辣椒火锅底料两款产品在北方市场和西南市场的销售和配额计划进行了调整，使两个产品的销售额月均都增长 10% 以上。

大数据不仅在老干妈拓展市场中发挥了巨大作用，而且在降低成本上也"节流有术"。为了确保原材料采购稳定，原材料价格监控（产地自然灾害预警）模块对原材料采购的监测预警和精准测算，有效降低了采购风险，确保原材料库存合理，年均节约成本 15% 以上。

基于大数据监管平台"最受欢迎产品分析"模块的数据，老干妈对各销售区域消费者口感进行了综合分析，以大众口感为依据指导新产品研发。在新产品上市后，又能依靠此模块重点关注消费者对香、辣、咸等指数的反馈情况，对产品加以调整和优化，有效增强了产品的市场适应性，确保做到新产品研发一个、做活一个、畅销一个，真正实现"有华人的地方就有老干妈"的愿景。

携程对大数据在服务营销上的作用更是推崇备至，他们通过大数据筛选、分类、分析、预测、预警，可实时监控目的地的旅游运营状况、预警客流、挖掘游客潜在需求。同时，携程还可以及时了解舆情信息、监管恶性服务事件、掌握同行业动态等，全面提升目的地管理水平、服务质量、业态创新和项目开发。

游客是旅游业的终极服务对象，必须围绕游客游前、游中、游后的各种需求，提供全功能、全时效的信息服务（包括信息查询、信息推送、预订支付、电子门票、分享评论、旅游投诉等）。携程每天有 50TB 的数据可以帮助企业了解游客从哪里来、到哪里去，可提供所有旅游场景中的需求产品。如游客从上海飞往巴黎，携程会知道乘坐哪班飞机、何时到达，立刻准备接送机服务，并安排好游客的住宿、餐饮、中文翻译等一整套完善的服务。

大数据价值创造的三大要领

信息技术变革随处可见，人们正经历着从"信息"到"价值"的转变。大数据代表了这一重要趋势，但它绝不是一种放之四海皆准的万能法宝，因为越是万能的，就越是虚幻的。大数据只是一种资源或原始素材，不能被直接拿来使用，只有合理开发和有效运用，才会真正变成强大的武器。大数据从资源转化成商业价值，一般需要经过三个步骤：一是数据采集，二是数理研析，三是数值创造（见图11-3）。

数据采集 ⇨洞察⇨ 数理研析 ⇨运用⇨ 数值创造

图 11-3 大数据从资源转化成商业价值的步骤

1. 数据采集——留心处处皆商机

大数据的最大价值不是揭示过去，也不是反映现在，而是预测未来。2020年，天猫不仅创造了"双十一全球狂欢季"交易总额4982亿元、交易峰值达58.3万笔/秒的新纪录，同时沉淀了一组非常有价值的消费数据，让我们更清晰地看到中国网络消费市场发生的新变化。

一是品牌参与规模进一步扩大。全球200多个国家和地区，25万个品牌和500多万个商家，8亿名消费者，累计成交额过亿元的品牌超过450个，成交额超过100万元的新商家同比增长了92%。二是物流订单数又创新高。2020年，天猫"双十一全球狂欢季"实时物流订单量突破23.21亿单，相当于整个欧洲地区两个多月的包裹量，连接起来足以绕地球赤道16圈。三是中国消费者的消费观念更加成熟和理性。物美价廉的国货新品备受青睐，消杀灭菌、家居、轻出行用品深受追捧，尤其是可以提升生活品质的产品成为热门产品，开场仅1分钟，科沃斯、百雀羚等国货品牌销售额就争相破亿元，这也是中国消费者消费升级的有力佐证。四是直播成为拉动销售的强大利器。"双十一全球狂欢季"期间，有近 3 亿名用户观看淘宝直播，超 30 个淘宝直播间成交额突破亿元，店铺、"自播"成为商家标配手段，商家"自播"带来销量同比增长超过 500%，充分体现了电商消费时代高效传播的新趋势——简单直观、交流互动、实惠开心。一句话，"双十一"正在或已经成为一种品牌化、世界化且不断扩大化的全球参与的消费盛典。

大数据不仅能让我们看到充满无限可能的商业远景，还可以帮助我们更深刻地洞察人情，清楚地了解大众的特殊行为动态。腾讯一项针对社交网络的统计显示，爱看家庭剧的男性是女性的两倍还多；最关心金价的是中年妇女，但紧随其后的却是"90 后"。在过去一年，支付宝中无线支付比例排名前十的城市竟然全部在青海、西藏和内蒙古。

分众传媒曾经与某小区的物业合作，将小区的生活垃圾收集整理，通过统计分析废弃包装上的条形码，了解小区居民的品类需求和品牌偏好，为客户有针对性的广告投放提供了精准有效的策略指导，进一步优化了对广告客户的服务。

百度用户 70% 都是通过手机进行搜索的，而用户的每次搜索都会暴露自己所在的位置，为了获取这些数据，分众传媒和百度展开合作，百度将位置信息和搜索内容提供给分众传媒，分众传媒再对这些数据进行标签化整理研析，从对这些数据的分析中，可以大致了解某栋楼中与母婴有关的 100 个关键词搜索的概率有多少，出国留学的搜索概率有多少等，从而较为精准地掌握该楼中用户的需求、喜好和选择了。

大数据的"爆炸"是三维的、立体的。一是数据量快速增长、二是数据增长速度加快、三是数据的来源和种类不断增加。在铺天盖地、源源不断的数据洪流中，到处都潜藏着机遇和新的可能，关键在于是否有一双善于发现和留心的慧眼！

2. 数理研析——善于洞察求关联

对企业而言，大数据应用的终极价值就是帮助企业预见商机、洞察需求、发掘用户、决策参考、精准营销等。我们把这些综合价值归结起来就叫数理或数据商机，所有数据商机的捕捉，都取决于我们从数据中发现事物相关性的能力，因此大数据价值挖掘的基本原则是关注数据里的某种相关性而非因果关系。

负责起草《全国促进城镇化健康发展规划（2011—2020 年）》的国家发改委规划司官员需要精确地知道人口的流动情况，如何统计这些流动人口成为难题。

榨菜属于低价快消品，收入增长对榨菜的消费几乎没有影响。在一般情况下，城市常住人口对于方便面和榨菜等方便食品的消费量基本上是恒定的，销量的变化，主要由流动人口造成。

某些数据显示，涪陵榨菜这几年在全国各地区销售份额的变化能够在某种程度上反映人口流动趋势。一个被称为"榨菜指数"的宏观经济指标就诞生了。国家发改委规划司官员发现，涪陵榨菜在华南地区销售份额由2007年的49%、2008年的48%、2009年的47.58%、2010年的38.50%下滑到2011年的29.99%。通过这些数据变化，可以看出华南地区人口一直处于流出状态，而且流出速度在不断加快。

通过榨菜的销售份额折射出流动人口迁徙的状态，这就是通过数据关联性洞察发现的重要规律，现在"榨菜指数"已经成为判断我国人口流入区和人口流出区的重要评估标准之一，也为我国不同地区人口和产业政策规划提供了很好的参考。

没有一种数据是一个信息孤岛，世间万事万物的数据都处在一种广泛联系的状态中，数据的价值恰恰就隐藏在这些若隐若现的关联中，只有发现关联才能勘破玄机。

公众情绪和股票交易，看上去是风马牛不相及的两件事，可是美国华尔街投行却能利用公众情绪指数变化进行股票交易，且大发利市。

2013年3月8日，纽约数据分析公司Dataminr（数据矿工）的客户收到一条紧急推送，称一艘皇家加勒比海游轮抵达佛罗里达的埃弗格莱兹港，船上的105名乘客和3名船员全部感染诺如病毒（类似于食物中毒），这则经确认的新闻刚公布，皇家加勒比海游轮公司的股价随即急跌2.9%。Dataminr的客户在新闻公布前48分钟即得知此事。

上述Dataminr提供的服务，不过是美国近几年社交网络股市情绪分析浪潮中的一例。美国很多市场分析公司都以Twitter、脸书等社交网络大数据为基础，收集并分析网络上对某个公司或某个事件的看法和评论，并做出与股价有关的预测分析。

美国华尔街投行、对冲基金，甚至纽约证券交易所都在使用社交网络股市情绪量化分析法，依靠数据算法，利用社交网络分析客户情绪和投资者行为进行交易。他们采用专业的情绪测试工具，能将公众的情绪分为冷静、警惕、确信、活力、友善和幸福这6个类别，不同的情绪都能在一定程度上预测3~4天后的股市变化，将"冷静"情绪指数后移3天，竟然与道琼斯工业平均指数惊人一致，准确率可达85%以上。

大数据时代开启了一场寻宝游戏，从数据之间的相关性中洞察潜在价值，正是主宰这场游戏的关键。每个数据集内都隐藏着某些未被发掘的价值，这场发掘和利用数据价值的竞赛正在全球上演。

大数据时代，要让数据发声，就必须善于发现和寻找数据之间的关联，而关联的发现基于敏锐深邃的洞察，绝非简单的推理。一切缺乏洞察的数据研究分析都是形而上学、不得要领的皮毛之见，只有把那些海量、不同来源、不同形式、包含不同信息的数据进行整合、分析、挖掘，使原本孤立的数据变得互相关联，数据资源转化成数据价值才会成为可能。华尔街投行利用社交网络上人们的情绪变化指数与投资行为之间的相关性，进行成功投资决策就是基于这个道理。

3. 数值创造——辨伪求真知根本

麦肯锡的一项对超过 700 家企业的调查显示，许多企业，尤其是传统企业还没有从大数据项目中获得预期的结果，或者还没有获得相当高的投资回报率。大数据项目投入后收入平均仅增加了 6%。一个很大的原因是传统企业大多是业务流程驱动的，数据更多是作为报表使用的。它们很少挖掘数据价值对企业流程的驱动，而是依靠个人经验进行决策。即使在使用数据分析的企业也多停留在验证假设、监控效果的层面，通过数据分析获得洞察的很少，用分析直接指导行动的更是少之又少。Forrester 的一项调研报告显示，有 74% 的企业希望通过数据驱动运营，但是只有 29% 的企业把分析结论和运营动作建立了联系。

大数据应用的关键不仅需要利用数据的所谓的"3V"（种类、速度和数量），还需要从更宏观、整体、独特的视角看待数据如何带来价值。

卡夫作为全球第二大食品公司，其趣多多、太平苏打饼干等一直是我们喜欢的零食。卡夫公司澳洲分公司为了拓展新业务，打开孕妇消费者市场，通过大数据分析工具，对 10 亿条社交网站的帖子、论坛帖子等话题进行内容分析，发现大家对于维吉酱讨论的焦点不是口味和包装，而是除涂抹在烤面包外的各种吃法。通过一系列分析对比，卡夫研究人员得出三个顾客关注点：健康、素食和安全，另外就是叶酸的使用尤为重要。因此，通过一系列分析研制，卡夫推出的全新产品打开了孕妇消费者市场，创造了新业绩。

数据只有加以识别、获取、过滤和清理，然后集成和存储起来，才可以为最终的业务决策提供有价值的参考。现阶段，很多企业对于数据的分析和运用，大多只是简单的归纳推理，提供草率而漏洞百出的结论，最终给企业的营销决策带来严重误导。

有一家咖啡店业绩不振，老板对周边的客流和进店客人进行研究，为什么在一个人流量尚可的区域，咖啡店的销售量始终上不去。经过一段时间的客流数据收集，他们发现这个店铺周边分布的多是中年甚至老年人群，而且这些人在店铺周围的停留时间也是最长的。于是这家咖啡店专门针对中老年消费人群做了很多改进工作，如更多显眼的优惠信息，甚至把菜单的字都放大了，可这样的改进对销售业绩的提升没有太大作用。

在百思不得其解之际，老板在一个炎热的午后无意间发现一个有趣的现象，有很多中老年人坐在店门口看手机。原来这个店门口有一个公交车站，因为店铺有空调和 Wi-Fi，这些老年人在等公交车的时候就坐到店门口享受空调，但很少进店消费。"有人气而无销量"的原因终于找到了！

这就是典型的"数据陷阱"。如果我们仅凭"周边中老年客流居多"这一片面的数据假象就贸然发展营销策略，最终的结果一定是缘木求鱼、徒劳一场，如果我们仅停留在某些表面的现象而不深究其根源，很容易在这种数据的泥坑里栽跟头。

大数据会误导人的例子数不胜数。有个美妆网店针对用户进行消费行为分析，数据显示在一次促销中有超过50%的交易来自男性用户的账户，这给人的感觉是这次促销活动似乎对男性用品的动销很有帮助，可是当仔细分析每单交易的购物车时发现，男性账号买的都是女性用品，进一步研究才发现，原来使用男性账号的绝大多数都是女性，她们在用自己的男朋友或丈夫的账号下单。

如果随意轻信一个表面的数据，我们的判断就很可能会被误导，因为从数据上看到的消费者，不一定是他们现实中的样子。虽说大数据是无差别地获取目标消费者的行为记录的，但是当我们在局部环境运用这些数据的时候，还是有很大可能受到数据来源不准确的干扰。

所以在数据挖掘时，学会"辨伪求真"至关重要。仅凭表面现象自以为是地做出轻率判断，也是大数据时代带来的"轻浮病"，这种"轻浮病"的根子在于数据研究人员洞察力和判断力的缺失。数据提供的是某种现象、线索和原始素材，远非事物的本质和结果。患有"轻浮病"的研究人员总是习惯用简单的归纳法和推理法从纷乱如麻的数据中找感觉、下结论，错把现象当本质，错把线索当结果，最终提供一大堆"似是而非"的信息假象和错误参考，让公司的重大决策走在错误的道路上。

大数据是一种资源，也是一种工具，它提供信息但不解释信息，反映现象但不揭露本质，它吸引人们去理解，但有时也会误导人们，这取决于其是否被正确使用。大数据的力量和价值是如此显著，但它的诡秘性和迷惑性也是一种无法规避的现实挑战。我们必须避免被它纷乱的表象所迷惑，并善于发现它固有的瑕疵，辨伪求真抓根本，真正地从数据洪流里淘取真金。

心中有主见，不做数据控

管子有言"君子使物，不为物役。"意思是聪明能干的人都会恰当利用外界事物，却不会被外界所牵制。

在信息过量的时代，人类存储信息量的增长速度比世界经济的增长速度快4倍，而计算机数据处理能力的增长速度则比世界经济的增长速度快9倍，每个人都受到了高速发展的冲击，大数据正在影响和改变我们的生活与事业。受益于大数据的人，必须杜绝对数据的过分依赖，我们运用大数据也只是手段而不是目的。我们应始终保证让数据为我所用，决不能成为数据的奴隶。

我们能收集和处理的任何数据只不过是某个领域的"沧海一粟"，这些信息也不过是某种现实的投影，我们无法获得绝对完整和完美的全貌，大数据提供的永远只是参考答案，而非最终结果，因此要想让数据最大限度地发挥能源的效力，需要我们掌握一套开发、运用大数据的本领。这套本领从根本上讲就是三种关键能力——洞察力、判断力和想象力。

如果没有这些能力，就永远无法从泥沙俱下的数字洪流中看到某些神奇的关联，也无法看到数字背后的精彩。人类之所以能超越万物成为世界的主宰，就在于人类善于从无序中寻找有序、从混乱中发现规律，所以无论世界发生怎样的变化，人类的主导性作用自始至终都无法被完全取代。面对浩瀚无垠的"大数据世界"，主见比现实更重要，只有秉持不盲从、不"抓瞎"、不轻视的"三不"态度，才能在数据的海洋里自由遨游而不会迷航。

最后我想说的是，心中有定数，脚下有坦途，不做数据控，世界在我手！

本章内容要点温习

1. 大数据精准营销有哪四大价值？
2. 大数据价值创造有哪三大要领？

后记

企业从无到有创建品牌的过程，就是一个产品从生产车间走进人心的演变过程，促成和催化这个过程的诸多手段和作业环节自然也构成了本书的逻辑架构和内容章节。

企业的产品要想成为消费者头脑中的"品牌"，首先要有一个受人喜爱、堪称奇货的好产品；产品要想畅销，必须深知买家心思，也就是要善解人意；当我们了解消费者的需求和期待后，就要考虑如何让产品在消费者心里占有一席之地，就需要一个契合消费者意愿的独特定位，因为卓绝的定位，是为消费者提供的"独此一家"的消费导航；有了定位，如何取信于消费者，就需要讲好产品故事，用好的故事来描述产品价值并建立信任感，是任何一个企业做好营销的重要基本功；"人靠衣装，佛靠金装"，好的产品更需要好的扮相，为品牌打造有识别力和高颜值的符号是必不可少的重要策略；产品要想走进人心，必先靠近人身，只有体验才能让产品与消费者实现零距离接触，有接触才能食髓知味，才能念念不忘；要想事半功倍地推广产品，还须借助各种外力的推动，所以企业必须善于借势用巧；产品要飞越千山万水，走进千家万户，必须整合运用各种高效的传播工具，火力全开地对消费者进行"信息灌顶"，让产品信息和品牌形象完全占据消费者的大脑；产品和品牌信息要想具有吸引力和"攻心力"，必须有好的文案功夫来淬炼和优化信息质量，所以扎实强悍的文案功法必不可少，无论是老板还是营销人员，若不懂文案则不宜轻言传播；最后就是"心中有数"，万事必须胸有丘壑才能胜券在握，尤其在大数据时代，善于利用数据资源，通过对数据信息的挖掘、分析和运用，为企业发现商机、经营管理、产品创新、营销变法与品牌传播提供更大助力，让大数据成为品牌建设的"高能资源"和行销指南，最终让企业立于不败之地。

一个产品就是按照这样的路径和步骤，经过这一系列专业手法的锻造与推送，步步为营地从企业的生产车间走进消费者的内心世界，彻底化身为品牌的。可见，品牌打造是一门有法可依、有章可循的行销科学，对于每一个力行当下、志在远方的企业来讲，遵循正确专业的方法，加上独到优质的创意，同时下足功夫，成功"智造"品牌不仅是可能，更是必然的。

世间事要想功德圆满，有效的方法、正确的认识和恒定的坚持必不可少。在方法之上，必须要有正确的认识和战略主见，这样我们做事就不会随风摇摆、首鼠两端，就能持之以恒、久久为功。因此，企业成功创建品牌，务必秉持如下态度和认识。

（1）战略先行，谋定而后动。"凡事预则立，不预则废"是古往今来的成功者们奉行的成事法则。在品牌创建的过程中，无论采用什么样的手段和方法，也无论预期什么样的结果，都必须建立在前瞻周密的战略预谋和策略思考的基础上。既要有顶层设计，又要有路径选择，还要有底线思维，这样企业做起事来才会有章可循、聚力一处，才会有预期的结果和可见的未来。一切没有战略指引和策略规划的经营行为都是胡作非为！

（2）持之以恒，慎终如始。品牌营销本身就是一场没有终点的拉力赛，与对手赛跑、与时间赛跑，优劣在过程中交替呈现，结论只能交给未来。如果一家企业的老板深信自己的产品质量和营销工作做得无以复加的完美且开始忘乎所以，那么表明他的企业已开始滑落，已有很多对手正在加速"超车"，似乎还能看到那些对手正从其身边呼啸而过绝尘而去。企业只有持之以恒、慎终如始地锻造品牌，才有可能跑完全程并赢在终点。

（3）穷理于心，深通人性。方法不是绝对的，原理才是根本的。消费者爱上品牌和爱上一个人，情感发生的原理是一样的，都被时间操控，有的是一见钟情，有的是日久生情，有的是"早一点遇见，晚一点心动"，但是如果没有与消费者情愫产生关联的基因与形貌，品质再好的产品，即使终其一生也未必能让人心动。一切营销行为，只有源于人类终极需求和情感脉动，才能行之有效，才是超越一切方法和手段的法门。

（4）步正行稳，少走弯路。世界上没有真正的捷径，少走弯路才是最好的捷径。我们已彻底告别黄金时代的舒适区，进入高烈度的低容错阶段，互联网等新技术正在重塑各行各业，信息大爆炸和透明化已将企业过去所依仗的资源优势、信息优势、物流优势、技术优势等消磨殆尽，任何差异性和独有性一旦进入网络经济的海洋，都会被迅速地稀释和瓦解。新经济和层出不穷的新消费方式如潮水一般，不断地冲刷消费者的黏性，最终让品牌关系变得脆弱且淡薄。企业在这种残酷的商业环境中，品牌的创建和成长将更加艰辛，期望能够一蹴而就建立强大的品牌几乎是白日做梦。在这样的环境下，企业若能脚踏实地、力行正道、用心精耕，尽量少走或不走弯路，虽后发而必先至！

（5）未来已来，以变制变。没有一个品牌强大到不可超越，也没有一个品牌弱小到不能逆袭。商业竞争是智力和胆略的游戏，谁是终极玩家，不到最后一刻，还真不知道。我们能有多大的造化和成就，取决于我们如何看世界。未来会发生的一切其实早有端倪，我们只有在预见变化之前，以变制变，才能赢在未来。企业打造品牌，既要执念而行，更要顺势而为，既要咬定目标，又要因势而变。我们只有不停地奔跑，才能留在原地，才能在大时代的洪流中傲立潮头，劲步致远！

无论世界发生怎样的变化，有一个永不生锈的商业铁律会坚定地立在那里——手中有品牌，好运自然来！

最后，想和大家分享一下写作这本书的心路历程。虽然将自己的经验和感悟萃集成书的想法由来已久，但因为事务繁杂，一直难得其便，尤其拥有一段完整的时间和安静的心绪来写书几乎成了这几年最大的奢望。一场突如其来的新冠肺炎疫情使得情况有所改变，从未有过如此长时间的"宅家"生活状态，各种令人揪心、悲悯的消息每天都在叩击心弦，不确定性带来的不安和无奈成了那段时期别无二致的情绪基调。一切似乎都失去掌控，唯有时间是可控的，写作自然成了应对疫情最好的避难所。躲进自我构筑的异想世界，用思考和文字支撑起一颗强大的内心，任由磅礴且压抑的精神自由吐纳，就会觉得百毒不侵，没有什么焦虑情绪能够困扰自己。利用这段相对宽松且清静的时光，我对自己多年来在品牌、营销、创意传播上的相关经验和独特感悟进行系统的总结、梳理并最终淬炼成书，这也算是"因祸得福"吧，当然这样的祸福转换最好永无下例。

  劫后余生，才知生命脆弱而卑微，才知唯有快乐和健康是真正的厚福。好在无论什么样的逆境，都将过去或正在过去——原来万物皆有裂痕，那是光照进来的地方！

  人总是在最艰难的时候，迸发出特有的柔光。经历了不堪回首的黑天鹅事件，让自己变得更加乐观坚韧、满怀敬畏和感恩，这当是我在这个特殊时期锤炼心智的一大成果。乐观坚韧会让自己在逆境中均能以积极的视角预见未来的光明，倍增直面困难、驾驭命运的勇气和信心；满怀敬畏会让我们对世界的认识变得更加深刻、理性而不躁切；感恩是要对我们赖以生存的世界及生命中每一个同行的人报以必不可少的感激与礼赞。新冠肺炎疫情虽然带来了前所未有的威胁，但也磨砺和检验了中华民族闪光而优良的品质——百折不挠、勇毅担当、万众同心、克难共进，各种感人事迹和英雄人物层出不穷，不断给世界带来希望和温暖。感恩我们的国家和勇敢的人民，应该是这个特殊年份最深厚一致的国民情感，我个人更不例外，感恩诸多的人和事，也成为"佛系老生"的我情感发生的根源和主流，尤其在本书构思孵化时，需要查阅和借鉴大量的参考资料，不可避免地要从相关资料和互联网上参考援引一些案例信息、文章观点，这些弥足珍贵的内容要点零星散见于本书多处，没法一一列明出处，在此对相关作者和资讯提供者一并表示最深切的感恩和诚挚谢忱！

  当然，最后还要感谢坚持读完最后一行文字的你！

反侵权盗版声明

电子工业出版社依法对本作品享有专有出版权。任何未经权利人书面许可，复制、销售或通过信息网络传播本作品的行为；歪曲、篡改、剽窃本作品的行为，均违反《中华人民共和国著作权法》，其行为人应承担相应的民事责任和行政责任，构成犯罪的，将被依法追究刑事责任。

为了维护市场秩序，保护权利人的合法权益，我社将依法查处和打击侵权盗版的单位和个人。欢迎社会各界人士积极举报侵权盗版行为，本社将奖励举报有功人员，并保证举报人的信息不被泄露。

举报电话：（010）88254396；（010）88258888
传　　真：（010）88254397
E-mail：　dbqq@phei.com.cn
通信地址：北京市万寿路 173 信箱
　　　　　电子工业出版社总编办公室
邮　　编：100036